石油企业岗位练兵手册

采油工

（第二版）

大庆油田有限责任公司 编

石油工业出版社

内容提要

本书采用问答形式,对采油工应掌握的知识和技能进行了详细介绍。主要内容可分为基本素养、基础知识、基本技能三部分。基本素养包括企业文化、发展纲要和职业道德等内容,基础知识包括与工种岗位密切相关的专业知识和HSE知识等内容,基本技能包括操作技能和常见故障判断处理等内容。本书适合采油工阅读使用。

图书在版编目(CIP)数据

采油工/大庆油田有限责任公司编. —2版. —北京:石油工业出版社,2023.7

(石油企业岗位练兵手册)

ISBN 978-7-5183-6085-7

Ⅰ. ①采… Ⅱ. ①大… Ⅲ. ①石油开采-技术手册 Ⅳ. ① TE35-62

中国国家版本馆 CIP 数据核字(2023)第 123491 号

出版发行:石油工业出版社

(北京朝阳区安华里2区1号楼 100011)
网　　址:www.petropub.com
编辑部:(010)64269289
图书营销中心:(010)64523633
经　　销:全国新华书店
印　　刷:北京中石油彩色印刷有限责任公司
2023年7月第2版　2025年2月第2次印刷
880×1230毫米　开本:1/32　印张:6.25
字数:155千字
定价:45.00元
(如出现印装质量问题,我社图书营销中心负责调换)
版权所有,翻印必究

《采油工》编委会

主　　任：陶建文
执行主任：李钟磬
副 主 任：夏克明　姜振海
委　　员：全海涛　崔　伟　张智博　武　威　赵　亮
　　　　　王　威　王佳莹

《采油工》编审组

张有兴	孟庆祥	李　馨	王恒斌	常　城	祁战宝
孔德江	陈安秋	王勇涛	李昌红	任永庆	汲红军
王明刚	宋晶鑫	冯　德	赵　阳	于海龙	王　辉
周福民	刘长赞	董　健	刘　丽	刘翠霞	梁国斌
杨海波	张婷婷	刘洪俊	张朋娟	魏　诚	李海军
马　刚	刘鹏超	柴宏业	苗宇露		

前言

  岗位练兵是大庆油田的优良传统，是强化基本功训练、提升员工素质的重要手段。新时期、新形势下，按照全面加强"三基"工作的有关要求，为进一步强化和规范经常性岗位练兵活动，切实提高基层员工队伍的基本素质，按照"实际、实用、实效"的原则，大庆油田有限责任公司人事部组织编写、修订了基层员工《石油企业岗位练兵手册》丛书。围绕提升政治素养和业务技能的要求，本套丛书架构分为基本素养、基础知识、基本技能三部分，基本素养包括企业文化（大庆精神铁人精神、优良传统）、发展纲要和职业道德等内容；基础知识包括与工种岗位密切相关的专业知识和HSE知识等内容；基本技能包括操作技能和常见故障判断处理等内容。本套丛书的编写，严格依据最新行业规范和技术标准，同时充分结合目前专业知识更新、生产设备调整、操作工艺优化等实际情况，具有突出的实用性和规范性的特点，既能作为基层开展岗位练兵，提高业务技能的实用教材，也可以作为员工岗位自学、单位开展技能竞赛的参考资料。

希望各单位积极应用，充分发挥本套丛书的基础性作用，持续、深入地抓好基层全员培训工作，不断提升员工队伍整体素质，为实现公司科学发展提供人力资源保障。同时，希望各单位结合本套丛书的应用实践，对丛书的修改完善提出宝贵意见，以便更好地规范和丰富丛书内容，为基层扎实有效地开展岗位练兵活动提供有力支撑。

大庆油田有限责任公司人事部
2023 年 4 月 28 日

目录

第一部分 基本素养

一、企业文化 …………………………………… 001

（一）名词解释 ………………………………… 001

1. 石油精神 ………………………………… 001
2. 大庆精神 ………………………………… 001
3. 铁人精神 ………………………………… 001
4. 三超精神 ………………………………… 002
5. 艰苦创业的六个传家宝 ………………… 002
6. 三要十不 ………………………………… 002
7. 三老四严 ………………………………… 002
8. 四个一样 ………………………………… 002
9. 思想政治工作"两手抓" ………………… 003
10. 岗位责任制管理 ………………………… 003
11. 三基工作 ………………………………… 003

12. 四懂三会 ·· 003
13. 五条要求 ·· 004
14. 会战时期"五面红旗" ······························ 004
15. 新时期铁人 ·· 004
16. 大庆新铁人 ·· 004
17. 新时代履行岗位责任、弘扬严实作风"四条
    要求" ·· 004
18. 新时代履行岗位责任、弘扬严实作风"五项
    措施" ·· 004

(二) 问答 ··· 004
1. 简述大庆油田名称的由来。 ····················· 004
2. 中共中央何时批准大庆石油会战？ ············ 004
3. 什么是"两论"起家？ ····························· 005
4. 什么是"两分法"前进？ ·························· 005
5. 简述会战时期"五面红旗"及其具体事迹。 ······ 005
6. 大庆油田投产的第一口油井和试注成功的第一口
   水井各是什么？ ···································· 006
7. 大庆石油会战时期讲的"三股气"是指什么？ ····· 006
8. 什么是"九热一冷"工作法？ ····················· 006
9. 什么是"三一""四到""五报"交接班法？ ····· 006
10. 大庆油田原油年产5000万吨以上持续稳产的时间
    是哪年？ ·· 006
11. 大庆油田原油年产4000万吨以上持续稳产的时间
    是哪年？ ·· 007
12. 中国石油天然气集团有限公司企业精神是
    什么？ ··· 007
13. 中国石油天然气集团有限公司的主营业务是
    什么？ ··· 007

14. 中国石油天然气集团有限公司的企业愿景和价值追求分别是什么? ……007
15. 中国石油天然气集团有限公司的人才发展理念是什么? ……007
16. 中国石油天然气集团有限公司的质量安全环保理念是什么? ……007
17. 中国石油天然气集团有限公司的依法合规理念是什么? ……008

二、发展纲要 …… 008

(一) 名词解释 …… 008
1. 三个构建 …… 008
2. 一个加快 …… 008
3. 抓好"三件大事" …… 008
4. 谱写"四个新篇" …… 008
5. 统筹"五大业务" …… 008
6. "十四五"发展目标 …… 008
7. 高质量发展重要保障 …… 008

(二) 问答 …… 009
1. 习近平总书记致大庆油田发现60周年贺信的内容是什么? …… 009
2. 当好标杆旗帜、建设百年油田的含义是什么? …… 009
3. 大庆油田60多年的开发建设取得的辉煌历史有哪些? …… 010
4. 开启建设百年油田新征程两个阶段的总体规划是什么? …… 010
5. 大庆油田"十四五"发展总体思路是什么? …… 010
6. 大庆油田"十四五"发展基本原则是什么? …… 011

7. 中国共产党第二十次全国代表大会会议主题是什么？ ·········· 011
8. 在中国共产党第二十次全国代表大会上的报告中，中国共产党的中心任务是什么？ ·········· 011
9. 在中国共产党第二十次全国代表大会上的报告中，中国式现代化的含义是什么？ ·········· 011
10. 在中国共产党第二十次全国代表大会上的报告中，两步走是什么？ ·········· 012
11. 在中国共产党第二十次全国代表大会上的报告中，"三个务必"是什么？ ·········· 012
12. 在中国共产党第二十次全国代表大会上的报告中，牢牢把握的"五个重大原则"是什么？ ·········· 012
13. 在中国共产党第二十次全国代表大会上的报告中，十年来，对党和人民事业具有重大现实意义和深远意义的三件大事是什么？ ·········· 012
14. 在中国共产党第二十次全国代表大会上的报告中，坚持"五个必由之路"的内容是什么？ ·········· 012

三、职业道德 ·········· 013

（一）名词解释 ·········· 013
1. 道德 ·········· 013
2. 职业道德 ·········· 013
3. 爱岗敬业 ·········· 013
4. 诚实守信 ·········· 013
5. 劳动纪律 ·········· 013
6. 团结互助 ·········· 013

（二）问答 ·········· 014
1. 社会主义精神文明建设的根本任务是什么？ ·········· 014

2. 我国社会主义道德建设的基本要求是什么？ ……… 014
3. 为什么要遵守职业道德？ …………………………… 014
4. 爱岗敬业的基本要求是什么？ ……………………… 014
5. 诚实守信的基本要求是什么？ ……………………… 014
6. 职业纪律的重要性是什么？ ………………………… 015
7. 合作的重要性是什么？ ……………………………… 015
8. 奉献的重要性是什么？ ……………………………… 015
9. 奉献的基本要求是什么？ …………………………… 015
10. 企业员工应具备的职业素养是什么？ ……………… 015
11. 培养"四有"职工队伍的主要内容是什么？ ……… 015
12. 如何做到团结互助？ ………………………………… 015
13. 职业道德行为养成的途径和方法是什么？ ………… 016
14. 员工违规行为处理工作应当坚持的原则是什么？ · 016
15. 对员工的奖励包括哪几种？ ………………………… 016
16. 员工违规行为处理的方式包括哪几种？ ………… 016
17. 《中国石油天然气集团公司反违章禁令》有哪些规定？ ………………………………………………… 016

第二部分　基础知识

一、专业知识 …………………………………………… 018
　（一）名词解释 ……………………………………… 018
　　1. 开发方式 ……………………………………… 018
　　2. 一次采油 ……………………………………… 018
　　3. 二次采油 ……………………………………… 018
　　4. 三次采油 ……………………………………… 018

5. 地质储量 ……………………………………………… 018

6. 可采储量 ……………………………………………… 018

7. 采收率 ………………………………………………… 018

8. 原始地层压力 ………………………………………… 019

9. 目前地层压力（静压）………………………………… 019

10. 流动压力（流压）…………………………………… 019

11. 总压差 ……………………………………………… 019

12. 采油压差 …………………………………………… 019

13. 产量递减率 ………………………………………… 019

14. 采油速度 …………………………………………… 019

15. 采出程度 …………………………………………… 019

16. 采油指数 …………………………………………… 019

17. 含水率 ……………………………………………… 019

18. 含水上升率 ………………………………………… 019

19. 动液面 ……………………………………………… 019

20. 静液面 ……………………………………………… 019

21. 沉没度 ……………………………………………… 020

22. 油管压力（油压）…………………………………… 020

23. 套管压力（套压）…………………………………… 020

24. 抽油机冲程 ………………………………………… 020

25. 抽油机冲次 ………………………………………… 020

26. 抽油机平衡率 ……………………………………… 020

27. 抽油机井示功图 …………………………………… 020

28. 深井泵泵径 ………………………………………… 020

29. 深井泵泵效 ………………………………………… 020

30. 深井泵防冲距 ……………………………………… 020

31. 深井泵气锁 ································ 020
32. 电动潜油泵排量 ························ 020
33. 笼统注水 ································ 020
34. 分层注水 ································ 021
35. 注水井正注 ······························ 021
36. 注水井反注 ······························ 021
37. 注水井合注 ······························ 021
38. 注水井注水压力 ························ 021
39. 注水井启动压力 ························ 021
40. 注水井注水压差 ························ 021
41. 注水井注水量 ··························· 021
42. 注水井配注 ······························ 021
43. 注水井吸水指数 ························ 021
44. 注采比 ··································· 021
45. 注采平衡 ································ 021
46. 化学驱油 ································ 021
47. 三元复合驱油 ··························· 022
48. 聚合物驱油 ······························ 022
49. 聚合物注入速度 ························ 022
50. 聚合物注入程度 ························ 022
51. 捞油井 ··································· 022
52. 捞油区 ··································· 022
53. 变送器 ··································· 022
54. 压力变送器 ······························ 022
55. 温度变送器 ······························ 022
56. 传感器 ··································· 022

57. 载荷传感器 …………………………………………… 022
58. 流量检测传感器 ……………………………… 023
59. 变频器 ……………………………………… 023
60. 磁浮子液位计 ………………………………… 023

(二) 问答 …………………………………………………… 023
1. 抽油机怎样分类？ …………………………………… 023
2. 游梁式抽油机由几部分组成？ …………………… 023
3. 游梁式抽油机的工作原理是什么？ ……………… 023
4. 游梁式抽油机型号的含义是什么？ ……………… 023
5. 游梁式抽油机驴头的作用是什么？ ……………… 024
6. 游梁式抽油机驴头在修井时移开井口的方法有几种？ …………………………………………… 024
7. 游梁式抽油机游梁的作用是什么？ ……………… 024
8. 游梁式抽油机平衡块的作用是什么？ …………… 024
9. 游梁式抽油机减速箱的作用是什么？ …………… 024
10. 游梁式抽油机减速箱加多少润滑油为宜？ ……… 024
11. 游梁式抽油机刹车装置有几种形式？各有什么特点？ ………………………………………… 025
12. 游梁式抽油机刹车系统在抽油机运转中的地位如何？其系统性能主要取决于什么？ ………… 026
13. 抽油杆的型号如何表示？ ………………………… 026
14. 抽油机光杆在使用、搬运和存放时的注意事项有哪些？ ……………………………………………… 026
15. 双驴头抽油机的结构特点及适用条件是什么？ … 027
16. 塔架式抽油机的结构特点有哪些？ ……………… 027
17. 塔架式抽油机的工作原理是什么？ ……………… 028

18. 塔架式抽油机的优点有哪些？ …………………… 028
19. 捞油的概念是什么？捞油的主要设备有哪些？ …… 028
20. 捞油的生产特点是什么？ ………………………… 028
21. 捞油井口的类型有哪几种？ ……………………… 028
22. 捞油车的作用是什么？ …………………………… 029
23. 深井泵由哪几部分组成？ ………………………… 029
24. 深井泵的工作原理是什么？ ……………………… 029
25. 深井泵理论排量的计算公式是什么？ …………… 029
26. 深井泵泵效的计算公式是什么？ ………………… 030
27. 深井泵泵效的提高方法有哪些？ ………………… 030
28. 深井泵损坏的原因有哪些？ ……………………… 030
29. 抽油机井作业的原因有哪些？ …………………… 031
30. 采油井防气措施有几种？ ………………………… 031
31. 油井结蜡的影响因素有哪些？ …………………… 031
32. 抽油机井结蜡对深井泵有什么影响？ …………… 031
33. 抽油机井结蜡现象有哪些？ ……………………… 031
34. 油井防蜡方法一般有哪些？ ……………………… 031
35. 抽油机井出砂有哪些危害？ ……………………… 032
36. 抽油机井出砂的现象有哪些？ …………………… 032
37. 油井出砂如何管理？ ……………………………… 032
38. 抽油机井热洗周期确定的指标有哪些？ ………… 032
39. 抽油机井在什么情况下不能进行热洗？ ………… 032
40. 油井热洗前有什么要求？ ………………………… 032
41. 抽油机井热洗质量的评价指标是什么？ ………… 033
42. 抽油机井示功图的用途是什么？利用抽油机井
    示功图可以检查抽油机井的哪些故障？ ………… 033

43. 抽油机井井下常见故障的检查方法有哪些？如何处理？ ……………………………………………………… 033
44. 抽油泵活塞未进入工作筒或抽油杆断脱时，井口有什么现象？ ………………………………………… 033
45. 抽油机井完井憋泵的标准是什么？ …………… 033
46. 抽油机电动机负载过重会造成什么后果？ …… 034
47. 抽油机为什么要定期保养？ …………………… 034
48. 抽油机皮带松紧度采用什么方法检查？ ……… 034
49. 油井停产后为什么要扫线？ …………………… 034
50. 油井增产措施有哪些？ ………………………… 034
51. 抽油机井节能技术主要分为哪几大类？ ……… 034
52. 电动潜油泵装置由几部分组成？ ……………… 034
53. 电动潜油泵采油有什么特点？ ………………… 035
54. 电动潜油泵的工作原理是什么？ ……………… 035
55. 电动潜油泵井油气分离器的作用是什么？ …… 035
56. 电动潜油泵井电动机保护器的作用是什么？ … 035
57. 电动潜油泵井控制柜有哪些功能？ …………… 035
58. 电动潜油泵井接线盒的作用是什么？ ………… 036
59. 电动潜油泵井为什么要设定过载值和欠载值？ … 036
60. 电动潜油泵井过载值和欠载值的设定原则是什么？ ……………………………………………… 036
61. 电动潜油泵井影响生产的主要因素有哪些？ … 036
62. 电动潜油泵采油气体过多的危害有哪些？ …… 036
63. 电动潜油泵井减少气体影响的措施有哪些？ … 036
64. 电动潜油泵井出砂对运行有何影响？ ………… 037
65. 电动潜油泵井的清蜡方法有哪些？ …………… 037

66. 电动潜油泵井产量逐渐下降的原因有哪些？ ……… 037
67. 电动潜油泵井机组运行时电流偏高的原因有哪些？ ……………………………………………… 037
68. 电动潜油泵井日常管理中应注意哪些问题？ ……… 037
69. 电动潜油泵井油嘴的作用是什么？ ……………… 037
70. 电动潜油泵井阴雨天为什么容易发生停机现象？ … 038
71. 电动潜油泵井故障停机后，为什么不允许二次启动？ ……………………………………………… 038
72. 电动潜油泵井频繁启停对电动机有什么影响？ … 038
73. 电动潜油泵井记录仪电流与实际电流不符的原因有哪些？ …………………………………………… 038
74. 电动潜油泵井机组无故障而启泵就停的原因有哪些？ …………………………………………… 038
75. 螺杆泵井采油系统由几部分组成？ …………… 038
76. 螺杆泵的工作原理是什么？ ………………… 038
77. 螺杆泵型号（KGLB500-20）中各符号的含义是什么？ ……………………………………………… 039
78. 螺杆泵井为什么要使用专用抽油杆？ …………… 039
79. 螺杆泵井专用井口的作用是什么？ …………… 039
80. 螺杆泵井驱动装置的安全防护措施有哪些？ …… 039
81. 直驱螺杆泵井的工作特点是什么？ …………… 040
82. 螺杆泵井直驱系统的优点是什么？ …………… 040
83. 螺杆泵为什么具有抗偏磨功能？ ……………… 040
84. 螺杆泵理论排量的计算公式是什么？ …………… 040
85. 螺杆泵井产液量的影响因素有哪些？ …………… 041
86. 螺杆泵使用寿命的主要影响因素有哪些？ ……… 041

87. 螺杆泵采油系统和其他人工举升方式相比较有哪些优点？ ⋯⋯⋯⋯⋯⋯⋯⋯⋯⋯⋯⋯⋯⋯⋯⋯⋯⋯⋯ 041
88. 螺杆泵井检泵作业施工的原因有哪些？ ⋯⋯⋯ 041
89. 螺杆泵井热洗质量的评价指标是什么？ ⋯⋯⋯ 041
90. 螺杆泵井常见故障有哪些？ ⋯⋯⋯⋯⋯⋯⋯⋯ 041
91. 螺杆泵井抽油杆柱断脱后的现象有哪些？ ⋯⋯ 041
92. 螺杆泵井抽油杆柱脱扣的主要原因有哪些？ ⋯ 042
93. 螺杆泵井抽油杆柱断裂的主要原因有哪些？ ⋯ 042
94. 螺杆泵抽空的危害是什么？如何避免抽空？ ⋯ 042
95. 注水井封隔器的作用是什么？ ⋯⋯⋯⋯⋯⋯⋯ 042
96. 注水井偏心配水器的组成部分及作用是什么？ ⋯ 042
97. 注水井配水嘴的作用是什么？ ⋯⋯⋯⋯⋯⋯⋯ 043
98. 注水井什么情况下采用笼统注水？ ⋯⋯⋯⋯⋯ 043
99. 注水井出现什么情况时需要重配或调整？ ⋯⋯ 043
100. 地面注水系统由什么组成？ ⋯⋯⋯⋯⋯⋯⋯ 043
101. 注水井井口装置主要由哪些部件组成？ ⋯⋯ 043
102. 注水井配水间流程分为哪几类？ ⋯⋯⋯⋯⋯ 043
103. 注水井在什么情况下要冲洗地面管线？ ⋯⋯ 044
104. 注水井洗井的目的是什么？ ⋯⋯⋯⋯⋯⋯⋯ 044
105. 注水井什么情况下需要洗井？ ⋯⋯⋯⋯⋯⋯ 044
106. 注水井洗井有哪两种方式？ ⋯⋯⋯⋯⋯⋯⋯ 044
107. 注水井分层测试的目的和作用是什么？ ⋯⋯ 044
108. 注水井测定启动压力的方法是什么？ ⋯⋯⋯ 045
109. 注水井什么情况下需要测注水指示曲线？ ⋯ 045
110. 注水井注够水、注好水的标准是什么？ ⋯⋯ 045
111. 注水井管理要把好的"两个关"，要做到的

"三个及时""五个了解"的内容是什么？…… 045
112. 注水井管理要做到的"四个提高""四不放过"的内容是什么？…… 045
113. 注水井管理要做到的"三定、五率、一平衡"的内容是什么？…… 046
114. 三次采油的主要技术有哪些？…… 046
115. 聚合物驱油分为哪几个阶段？…… 046
116. 注聚合物对注入井的最高注入压力有什么要求？… 046
117. 聚合物驱油能使原油产量提高的原因是什么？… 046
118. 聚合物驱油后的动态变化特点是什么？…… 047
119. 聚合物对抽油机井生产有哪些影响？…… 047
120. 计量间流程由哪几部分组成？…… 047
121. 计量间常用的计量分离器主要有哪几种类型？技术规范参数是什么？…… 047
122. 计量间立式计量油气分离器的工作原理是什么？… 047
123. 计量间分离器为什么需要进行冲砂？…… 048
124. 计量间玻璃管计量分离器量油的原理是什么？… 048
125. 磁浮子液位计的工作原理是什么？…… 048
126. 磁浮子液位计的优点有哪些？…… 048
127. 磁浮子液位计中磁浮子卡死的故障原因是什么？ 049
128. 数字化管理的概念是什么？…… 049
129. 数字化设备之间常用的通信信号有哪几种？各代表什么意思？…… 049
130. 压力变送器具有哪些保护功能？…… 049
131. 压力变送器按照传感器类型可分为哪几种？…… 050
132. 压力变送器的工作原理是什么？…… 050
133. 压力变送器在使用过程中的注意事项有哪些？… 050

134. 压力变送器工作时读数不稳定应检查哪些
    内容？ ………………………………………… 050
135. 压力变送器工作时输出信号为"零"应检查哪些
    内容？ ………………………………………… 051
136. 温度变送器可分为哪几类？ ………………… 051
137. 温度变送器无法采集数据的主要原因有哪些？ … 051
138. 流量检测传感器组成部分有哪些？各部分的作用
    是什么？ ……………………………………… 051
139. 数字化抽油机智能控制系统的主要功能有
    哪些？ ………………………………………… 052
140. 注水井远程调配技术是指什么？ …………… 052

二、HSE 知识 ………………………………………… 052

1. HSE 管理体系是指什么？ …………………… 052
2. HSE 管理体系的理念和指导思想是什么？ ……… 052
3. 违章作业是指什么？ ………………………… 052
4. 事故隐患是指什么？ ………………………… 053
5. 采油工的岗位安全职责是什么？ …………… 053
6. 安全用电的注意事项有哪些？ ……………… 053
7. 安全电压是指什么？ ………………………… 054
8. 电气设备引起火灾的原因有哪些？ ………… 054
9. 人身触电发生时应该怎么办？ ……………… 054
10. 低压试电笔验电时的注意事项有哪些？ …… 055
11. 计量间为什么要安装防爆灯？ ……………… 055
12. 计量间内部操作为什么要注意通风？ ……… 055
13. 计量间内部油、气泄漏如何处理？ ………… 055
14. 计量间安全阀校验有什么要求？ …………… 055

15. 油井（计量间）发生火灾的防范措施有哪些？ …… 055
16. 计量间常见的消防应急设备有哪些？ ……………… 056
17. 火灾扑救的原则是什么？ …………………………… 056
18. 油、气、电着火如何处理？ ………………………… 056
19. 压力容器泄漏、着火、爆炸的原因及消减措施是什么？ ……………………………………………………… 056
20. 报火警电话如何正确拨打？ ………………………… 057
21. 油井电动机接线盒为什么要做防水处理？ ………… 057
22. 电动机外壳接地有什么作用？ ……………………… 057
23. 高处作业基本要求有哪些？ ………………………… 057
24. 安全带使用的注意事项有哪些？ …………………… 058
25. 采油岗位发生机械伤害的原因及消减措施有哪些？ ……………………………………………………… 059

第三部分 基本技能

一、操作技能 …………………………………………… 060
 1. 填写油井班报表操作 ……………………………… 060
 2. 取油井油样操作 …………………………………… 061
 3. 巡回检查游梁式抽油机井操作 …………………… 062
 4. 启、停游梁式抽油机操作 ………………………… 063
 5. 更换抽油机井光杆密封圈操作 …………………… 065
 6. 更换游梁式抽油机井电动机皮带操作 …………… 067
 7. 热洗抽油机井操作 ………………………………… 068
 8. 抽油机井憋压操作 ………………………………… 069

9. 调整抽油机井防冲距操作 …………………………………… 071
10. 调整游梁式抽油机井曲柄平衡操作 ………………… 072
11. 调整游梁式抽油机井冲次操作…………………………… 073
12. 调整游梁式抽油机井冲程操作 ………………………… 075
13. 更换游梁式抽油机外抱式刹车蹄片操作 ………… 077
14. 游梁式抽油机一级保养操作…………………………… 078
15. 游梁式抽油机二级保养操作…………………………… 080
16. 安装载荷传感器操作……………………………………… 082
17. 启、停塔架式抽油机操作……………………………… 083
18. 巡回检查塔架式抽油机井操作 ……………………… 086
19. 调整塔架式抽油机井平衡操作 ……………………… 089
20. 塔架式抽油机一级保养操作…………………………… 091
21. 塔架式抽油机二级保养操作…………………………… 093
22. 识别抽油机井通用风险点源及风险消减措施 …… 094
23. 巡回检查电动潜油泵井操作…………………………… 096
24. 更换电动潜油泵井电流卡片操作 …………………… 098
25. 调整电动潜油泵井油嘴操作…………………………… 099
26. 识别电泵井通用风险点源及风险消减措施 ……… 100
27. 巡回检查螺杆泵井操作………………………………… 101
28. 启、停螺杆泵操作……………………………………… 102
29. 更换螺杆泵井驱动装置视油窗操作 ………………… 104
30. 更换螺杆泵井驱动装置齿轮油操作 ………………… 105
31. 识别螺杆泵井通用风险点源及风险消减措施 …… 106
32. 巡回检查注水井操作…………………………………… 106
33. 填写注水井班报表操作………………………………… 107
34. 开、关注水井操作……………………………………… 108
35. 倒（正注）注水井反洗井操作 ……………………… 109

36. 更换注水井高压干式水表操作 …………………… 110
37. 识别注水井通用风险点源及风险消减措施 ……… 112
38. 使用磁浮子液位计计量单井产量操作 …………… 112
39. 安装磁浮子液位计操作……………………………… 114
40. 清洗磁浮子液位计操作……………………………… 115
41. 冲洗计量间分离器操作……………………………… 116
42. 更换闸阀密封填料操作……………………………… 118
43. 更换法兰垫片操作…………………………………… 119
44. 更换法兰阀门操作…………………………………… 120
45. 安装压力变送器操作………………………………… 121
46. 安装温度变送器操作………………………………… 123
47. 识别计量间通用风险点源及风险消减措施 ……… 124

二、常见故障判断处理 ……………………………… 125

1. 游梁式抽油机井驴头不对准井口中心故障有什么现象？故障原因有哪些？如何处理？ ……………… 125
2. 抽油机井驴头运行至下死点时，井下有碰击声的故障原因有哪些？如何处理？ ………………………… 126
3. 抽油机井光杆烫手、发黑的故障原因有哪些？如何处理？ …………………………………………………… 126
4. 抽油机井光杆或光杆以下 1～2 根抽油杆脱扣故障有什么现象？故障原因有哪些？如何处理？ ……… 126
5. 游梁式抽油机井悬绳器毛辫子打扭的故障原因有哪些？如何处理？ ………………………………………… 127
6. 游梁式抽油机井悬绳器毛辫子偏向驴头一边的故障原因有哪些？如何处理？ ………………………… 127
7. 游梁式抽油机井悬绳器毛辫子拉断的故障原因有

哪些？如何处理？ …………………………………… 128

8. 游梁式抽油机井游梁不正故障有什么现象？故障原因有哪些？如何处理？ …………………………… 128

9. 游梁式抽油机井游梁顺着驴头方向前移故障有什么现象？故障原因有哪些？如何处理？ ………… 129

10. 游梁式抽油机井尾轴承座螺栓松动故障有什么现象？故障原因有哪些？如何处理？ …………… 129

11. 游梁式抽油机井连杆销响或外窜的故障原因有哪些？如何处理？ ……………………………… 130

12. 游梁式抽油机井连杆拉断的故障原因有哪些？如何处理？ ………………………………………… 130

13. 游梁式抽油机井连杆刮碰曲柄平衡块故障有什么现象？故障原因有哪些？如何处理？ ………… 131

14. 游梁式抽油机井平衡块固定螺栓松动故障有什么现象？故障原因有哪些？如何处理？ ………… 131

15. 游梁式抽油机井曲柄销响的故障原因有哪些？如何处理？ ………………………………………… 131

16. 游梁式抽油机井曲柄在输出轴上发生外移故障有什么现象？故障原因有哪些？如何处理？ …… 132

17. 游梁式抽油机井曲柄销在曲柄圆锥孔内松动或轴向外移拔出故障有什么现象？故障原因有哪些？如何处理？ ………………………………………… 132

18. 游梁式抽油机井减速箱漏油的故障原因有哪些？如何处理？ …………………………………… 133

19. 游梁式抽油机井减速箱内有不正常敲击声的故障原因有哪些？如何处理？ ……………………… 134

20. 游梁式抽油机井减速箱轴承发热或有特殊响声的

故障原因有哪些？如何处理？ …………………… 134
21. 游梁式抽油机井减速箱大皮带轮松动滚键故障有
什么现象？故障原因有哪些？如何处理？ ……… 135
22. 游梁式抽油机井皮带松弛故障有什么现象？故障
原因有哪些？如何处理？ ……………………… 135
23. 游梁式抽油机井刹车不灵活或自动溜车故障有什么
现象？故障原因有哪些？如何处理？ …………… 136
24. 游梁式抽油机井电动机无法启动的故障原因有哪些？
如何处理？ ……………………………………… 136
25. 游梁式抽油机井烧坏电动机的故障原因有哪些？
如何处理？ ……………………………………… 137
26. 游梁式抽油机启动时，电动机不转动，有很大
"嗡嗡"声的故障原因有哪些？如何处理？ ……… 138
27. 游梁式抽油机井电动机轴承发热、温度过高的故障
原因有哪些？如何处理？ ……………………… 138
28. 抽油机井电动机运行三相电流不平衡的故障原因有
哪些？如何处理？ ……………………………… 139
29. 游梁式抽油机井电动机振动的故障原因有哪些？
如何处理？ ……………………………………… 139
30. 游梁式抽油机井翻机的故障原因有哪些？如何
处理？ …………………………………………… 140
31. 游梁式抽油机振动故障有什么现象？故障原因有哪
些？如何处理？ ………………………………… 140
32. 抽油机井下发生漏失的故障的原因有哪些？如何
处理？ …………………………………………… 141
33. 抽油机井生产回压高的故障原因有哪些？如何
处理？ …………………………………………… 141

34. 抽油机井作业完开井后出油不正常或不出油的故障
原因有哪些？如何处理？ …………………………… 142

35. 塔架式抽油机井整机工作不平稳的故障原因有哪些？
如何处理？ ……………………………………………… 142

36. 塔架式抽油机井电动机发热，声音不正常的故障
原因有哪些？如何处理？ ……………………………… 143

37. 塔架式抽油机井噪声太大，有异常响声的故障原因
有哪些？如何处理？ …………………………………… 143

38. 塔架式抽油机井带负荷时自动停机并自动刹车
（欠速报警）的故障原因有哪些？如何处理？ …… 144

39. 塔架式抽油机井带负荷时自动停机并自动刹车
（过载保护）的故障原因有哪些？如何处理？ …… 144

40. 塔架式抽油机井首次启动操作开关无反应的故障
原因有哪些？如何处理？ ……………………………… 144

41. 电动潜油泵井选择开关无论放在手动还是自动位置
都发生自动启泵的故障原因有哪些？如何处理？ … 145

42. 电动潜油泵井启动时，井下机组不能启动的故障
原因有哪些？如何处理？ ……………………………… 145

43. 电动潜油泵井井下机组运行电流偏高的故障原因
有哪些？如何处理？ …………………………………… 146

44. 电动潜油泵井在正常运转过程中停机，且因为电流高
而不能再启动的故障原因有哪些？如何处理？ …… 146

45. 电动潜油泵井因电流偏低而停机的故障原因有哪些？
如何处理？ ……………………………………………… 147

46. 电动潜油泵井欠载停机的故障原因有哪些？如何
处理？ …………………………………………………… 147

47. 电动潜油泵井过载停机的故障原因有哪些？如何

处理？ …………………………………………… 148

48. 电动潜油泵井油嘴堵的故障原因有哪些？如何
　　处理？ …………………………………………… 149

49. 电动潜油泵井产液少或不出油的故障原因有哪些？
　　如何处理？ ……………………………………… 149

50. 电动潜油泵井憋压时油压不升或上升缓慢的故障
　　原因有哪些？如何处理？ ……………………… 150

51. 电动潜油泵井回压过高的故障原因有哪些？如何
　　处理？ …………………………………………… 150

52. 螺杆泵井井口漏油的故障原因有哪些？如何
　　处理？ …………………………………………… 151

53. 螺杆泵井光杆不随电动机转动的故障原因有哪些？
　　如何处理？ ……………………………………… 151

54. 螺杆泵井运行电流高于正常值的故障原因有哪些？
　　如何处理？ ……………………………………… 151

55. 螺杆泵井运行电流接近正常值，但排量效率较低的
　　故障原因有哪些？如何处理？ ………………… 152

56. 螺杆泵井运行电流低于正常值的故障原因有哪些？
　　如何处理？ ……………………………………… 152

57. 螺杆泵井通电后电动机未转动（无异响、异味、
　　冒烟现象）的故障原因有哪些？如何处理？ …… 152

58. 螺杆泵井电动机启动困难，额定负载时，电动机
　　转速低于额定转速较多的故障原因有哪些？如何
　　处理？ …………………………………………… 153

59. 螺杆泵井地面驱动装置运行噪声大的故障原因有
　　哪些？如何处理？ ……………………………… 153

60. 螺杆泵井驱动装置机械密封失效故障有什么现象？

故障原因有哪些？如何处理？ ……………… 154

61. 螺杆泵井驱动装置承重轴承损坏故障有什么现象？
    故障原因有哪些？如何处理？ ……………… 154

62. 螺杆泵井油管漏失的故障原因有哪些？如何
    处理？ …………………………………………… 155

63. 螺杆泵井蜡堵的故障原因有哪些？如何处理？ … 155

64. 螺杆泵井杆断故障有什么现象？如何处理？ …… 155

65. 注水井注水量上升的故障原因有哪些？如何
    处理？ …………………………………………… 155

66. 注水井注水量下降的故障原因有哪些？如何
    处理？ …………………………………………… 156

67. 注水井油压升高的故障原因有哪些？如何处理？ … 157

68. 注水井油压下降的故障原因有哪些？如何处理？ … 157

69. 注水井水表表芯停走的故障原因有哪些？如何
    处理？ …………………………………………… 157

70. 注水井水表水量计量误差大的故障原因有哪些？
    如何处理？ ……………………………………… 158

71. 注水井洗井不通故障有什么现象？故障原因有哪些？
    如何处理？ ……………………………………… 159

72. 注水井管线穿孔故障有什么现象？故障原因有哪些？
    如何处理？ ……………………………………… 159

73. 分层注水井油压、套压平衡的故障原因有哪些？
    如何处理？ ……………………………………… 160

74. 注水井第一级封隔器失效故障有什么现象？故障
    原因有哪些？如何处理？ ……………………… 160

75. 计量间量油时，关闭分离器出油阀门，磁浮子
    液位计翻柱指示器不转动的故障原因有哪些？

如何处理？ ·············· 161

76. 计量间量油时，磁浮子液位变化迟缓或跨越式变化的故障原因有哪些？如何处理？ ·············· 162

77. 计量间安全阀不动作的故障原因有哪些？如何处理？ ·············· 162

78. 计量间安全阀提前开启的故障原因有哪些？如何处理？ ·············· 162

79. 阀门阀杆转动不灵活的故障原因有哪些？如何处理？ ·············· 163

80. 阀门填料渗漏的故障原因有哪些？如何处理？ ···· 163

81. 法兰渗漏的故障原因有哪些？如何处理？ ········ 163

82. 指针式压力表常见故障有什么现象？原因有哪些？如何处理？ ·············· 164

83. 压力变送器故障有什么现象？原因有哪些？如何处理？ ·············· 164

84. 温度变送器故障有什么现象？原因有哪些？如何处理？ ·············· 165

参考文献 ·············· 167

第一部分
基本素养

一、 企业文化

(一) 名词解释

1. 石油精神： 石油精神以大庆精神铁人精神为主体，是对石油战线企业精神及优良传统的高度概括和凝练升华，是我国石油队伍精神风貌的集中体现，是历代石油人对人类精神文明的杰出贡献，是石油石化企业的政治优势和文化软实力。其核心是"苦干实干""三老四严"。

2. 大庆精神： 为国争光、为民族争气的爱国主义精神；独立自主、自力更生的艰苦创业精神；讲究科学、"三老四严"的求实精神；胸怀全局、为国分忧的奉献精神，凝练为"爱国、创业、求实、奉献" 8 个字。

3. 铁人精神： "为国分忧、为民族争气"的爱国主义精神；"宁肯少活二十年，拼命也要拿下大油田"的忘我拼搏精神；"有条件要上，没有条件创造条件也要上"的艰苦奋斗精神；"干工作要经得起子孙万代检查""为革命练一身硬功夫、真本事"的科学求实精神；"甘愿为党和人民当一辈子老黄牛"、埋头苦干的无私奉献精神。

4. **三超精神**：超越权威，超越前人，超越自我。

5. **艰苦创业的六个传家宝**：人拉肩扛精神，干打垒精神，五把铁锹闹革命精神，缝补厂精神，回收队精神，修旧利废精神。

6. **三要十不**："三要"：一要甩掉石油工业的落后帽子；二要高速度、高水平拿下大油田；三要在会战中夺冠军，争取集体荣誉。"十不"：第一，不讲条件，就是说有条件要上，没有条件创造条件上；第二，不讲时间，特别是工作紧张时，大家都不分白天黑夜地干；第三，不讲报酬，干啥都是为了革命，为了石油，而不光是为了个人的物质报酬而劳动；第四，不分级别，有工作大家一起干；第五，不讲职务高低，不管是局长、队长，都一起来；第六，不分你我，互相支援；第七，不分南北东西，就是不分玉门来的、四川来的、新疆来的，为了大会战，一个目标，大家一起上；第八，不管有无命令，只要是该干的活就抢着干；第九，不分部门，大家同心协力；第十，不分男女老少，能干什么就干什么、什么需要就干什么。这"三要十不"，激励了几万职工团结战斗、同心协力、艰苦创业，一心为会战的思想和行动，没有高度觉悟是做不到的。

7. **三老四严**：对待革命事业，要当老实人，说老实话，办老实事；对待工作，要有严格的要求，严密的组织，严肃的态度，严明的纪律。

8. **四个一样**：对待革命工作要做到，黑天和白天一个样，坏天气和好天气一个样，领导不在场和领导在场一个样,没有人检查和有人检查一个样。

9.**思想政治工作"两手抓"**:抓生产从思想入手,抓思想从生产出发。这是大庆人正确处理思想政治工作与经济工作关系的基本原则,也是大庆人思想政治工作的一条基本经验。

10.**岗位责任制管理**:大庆油田岗位责任制,是大庆石油会战时期从实践中总结出来的一整套行之有效的基础管理方法,也是大庆油田特色管理的核心内容。其实质就是把全部生产任务和管理工作落实到各个岗位上,给企业每个岗位人员都规定出具体的任务、责任,做到事事有人管,人人有专责,办事有标准,工作有检查。它包括工人岗位责任制、基层干部岗位责任制、领导干部和机关干部岗位责任制。工人岗位责任制一般包括岗位专责制、交接班制、巡回检查制、设备维修保养制、质量负责制、岗位练兵制、安全生产制、班组经济核算制等8项制度;基层干部岗位责任制包括岗位专责制、工作检查制、生产分析制、经济活动分析制、顶岗劳动制、学习制度等6项制度;领导干部和机关干部岗位责任制包括岗位专责制、现场办公制、参加劳动制、向工人学习日制、工作总结制、学习制度等6项制度。

11.**三基工作**:以党支部建设为核心的基层建设,以岗位责任制为中心的基础工作,以岗位练兵为主要内容的基本功训练。

12.**四懂三会**:这是在大庆石油会战时期提出的对各行各业技术工人必备的基本知识、基本技能的基本要求,也是"应知应会"的基本内容。四懂即懂设备结构、懂设备原理、懂设备性能、懂工艺流程。三会即会操作、会维修保养、会排除故障。

13. **五条要求**：人人出手过得硬，事事做到规格化，项项工程质量全优，台台在用设备完好，处处注意勤俭节约。

14. **会战时期"五面红旗"**：王进喜、马德仁、段兴枝、薛国邦、朱洪昌。

15. **新时期铁人**：王启民。

16. **大庆新铁人**：李新民。

17. **新时代履行岗位责任、弘扬严实作风"四条要求"**：要人人体现严和实，事事体现严和实，时时体现严和实，处处体现严和实。

18. **新时代履行岗位责任、弘扬严实作风"五项措施"**：开展一场学习，组织一次查摆，剖析一批案例，建立一项制度，完善一项机制。

(二) 问答

1. 简述大庆油田名称的由来。

1959年9月26日，新中国成立十周年大庆前夕，位于黑龙江省原肇州县大同镇附近的松基三井喷出了具有工业价值的油流，为了纪念这个大喜大庆的日子，当时黑龙江省委第一书记欧阳钦同志建议将该油田定名为大庆油田。

2. 中共中央何时批准大庆石油会战？

1960年2月13日，石油工业部以党组的名义向中共中央、国务院提出了《关于东北松辽地区石油勘探情况和今后部署问题的报告》。1960年2月20日中共中央正式批准大庆石油会战。

3. 什么是"两论"起家？

1960年4月10日，大庆石油会战一开始，会战领导小组就以石油工业部机关党委的名义作出了《关于学习毛泽东同志所著〈实践论〉和〈矛盾论〉的决定》，号召广大会战职工学习毛泽东同志的《实践论》《矛盾论》和毛泽东同志的其他著作，以马列主义、毛泽东思想指导石油大会战，用辩证唯物主义的立场、观点、方法，认识油田规律，分析和解决会战中遇到的各种问题。广大职工说，我们的会战是靠"两论"起家的。

4. 什么是"两分法"前进？

即在任何时候，对任何事情，都要用"两分法"，形势好的时候要看到不足，保持清醒的头脑，增强忧患意识，形势严峻的时候更要一分为二，看到希望，增强发展的信心。

5. 简述会战时期"五面红旗"及其具体事迹。

"五面红旗"喻指大庆石油会战初期涌现的五位先进榜样：王进喜、马德仁、段兴枝、薛国邦、朱洪昌。钻井队长王进喜带领队伍人拉肩扛抬钻机，端水打井保开钻，在发生井喷的危急时刻，奋不顾身跳下泥浆池，用身体搅拌泥浆制服井喷。钻井队长马德仁在泥浆泵上水管线冻结时，不畏严寒，破冰下泥浆池，疏通上水管线。钻井队长段兴枝在吊车和拖拉机不足的情况下，利用钻机本身的动力设施，解决了钻机搬家的困难。大庆油田第一个采油队队长薛国邦自制绞车，给第一批油井清蜡，又手持蒸汽管下到油池里化开凝结的原油，保证了大庆油田首次原油外运列车顺利启程。工程队队长朱洪昌在供水管线漏水时，用手捂着漏点，忍着灼烧的疼痛，让焊工焊接裂缝，保证了供水工程提前竣工。

6. 大庆油田投产的第一口油井和试注成功的第一口水井各是什么？

1960年5月16日，大庆油田第一口油井中7-11井投产；1960年10月18日，大庆油田第一口注水井7排11井试注成功。

7. 大庆石油会战时期讲的"三股气"是指什么？

对一个国家来讲，就要有民气；对一个队伍来讲，就要有士气；对一个人来讲，就要有志气。三股气结合起来，就会形成强大的力量。

8. 什么是"九热一冷"工作法？

大庆石油会战中创造的一种领导工作方法。是指在1旬中，有9天"热"，1天"冷"。每逢十日，领导干部再忙，也要坐在一起开务虚会，学习上级指示，分析形势，总结经验，从而把感性认识提高到理性认识上来，使领导作风和领导水平得到不断改进和提高。

9. 什么是"三一""四到""五报"交接班法？

对重要的生产部位要一点一点地交接、对主要的生产数据要一个一个地交接、对主要的生产工具要一件一件地交接。交接班时应该看到的要看到、应该听到的要听到、应该摸到的要摸到、应该闻到的要闻到。交接班时报检查部位、报部件名称、报生产状况、报存在的问题、报采取的措施，开好交接班会议，会议记录必须规范完整。

10. 大庆油田原油年产5000万吨以上持续稳产的时间是哪年？

1976年至2002年，大庆油田实现原油年产5000万吨以上连续27年高产稳产,创造了世界同类油田开发史上的奇迹。

11. 大庆油田原油年产4000万吨以上持续稳产的时间是哪年?

2003年至2014年,大庆油田实现原油年产4000万吨以上连续12年持续稳产,继续书写了"我为祖国献石油"新篇章。

12. 中国石油天然气集团有限公司企业精神是什么?

石油精神和大庆精神铁人精神。

13. 中国石油天然气集团有限公司的主营业务是什么?

中国石油天然气集团有限公司是国有重要骨干企业和全球主要的油气生产商和供应商之一,是集国内外油气勘探开发和新能源、炼化销售和新材料、支持和服务、资本和金融等业务于一体的综合性国际能源公司,在全球32个国家和地区开展油气投资业务。

14. 中国石油天然气集团有限公司的企业愿景和价值追求分别是什么?

企业愿景:建设基业长青世界一流综合性国际能源公司;

企业价值追求:绿色发展、奉献能源,为客户成长增动力、为人民幸福赋新能。

15. 中国石油天然气集团有限公司的人才发展理念是什么?

生才有道、聚才有力、理才有方、用才有效。

16. 中国石油天然气集团有限公司的质量安全环保理念是什么?

以人为本、质量至上、安全第一、环保优先。

17. 中国石油天然气集团有限公司的依法合规理念是什么？

法律至上、合规为先、诚实守信、依法维权。

 发展纲要

（一）名词解释

1. **三个构建**：一是构建与时俱进的开放系统；二是构建产业成长的生态系统；三是构建崇尚奋斗的内生系统。

2. **一个加快**：加快推动新时代大庆能源革命。

3. **抓好"三件大事"**：抓好高质量原油稳产这个发展全局之要；抓好弘扬严实作风这个标准价值之基；抓好发展接续力量这个事关长远之计。

4. **谱写"四个新篇"**：奋力谱写"发展新篇"；奋力谱写"改革新篇"；奋力谱写"科技新篇"；奋力谱写"党建新篇"。

5. **统筹"五大业务"**：大力发展油气业务；协同发展服务业务；加快发展新能源业务；积极发展"走出去"业务；特色发展新产业新业态。

6. **"十四五"发展目标**：实现"五个开新局"，即稳油增气开新局；绿色发展开新局；效益提升开新局；幸福生活开新局；企业党建开新局。

7. **高质量发展重要保障**：思想理论保障；人才支持保障；基础环境保障；队伍建设保障；企地协作保障。

(二) 问答

1. 习近平总书记致大庆油田发现 60 周年贺信的内容是什么?

值此大庆油田发现 60 周年之际,我代表党中央,向大庆油田广大干部职工、离退休老同志及家属表示热烈的祝贺,并致以诚挚的慰问!

60 年前,党中央作出石油勘探战略东移的重大决策,广大石油、地质工作者历尽艰辛发现大庆油田,翻开了中国石油开发史上具有历史转折意义的一页。60 年来,几代大庆人艰苦创业、接力奋斗,在亘古荒原上建成我国最大的石油生产基地。大庆油田的卓越贡献已经镌刻在伟大祖国的历史丰碑上,大庆精神、铁人精神已经成为中华民族伟大精神的重要组成部分。

站在新的历史起点上,希望大庆油田全体干部职工不忘初心、牢记使命,大力弘扬大庆精神、铁人精神,不断改革创新,推动高质量发展,肩负起当好标杆旗帜、建设百年油田的重大责任,为实现"两个一百年"奋斗目标、实现中华民族伟大复兴的中国梦作出新的更大的贡献!

2. 当好标杆旗帜、建设百年油田的含义是什么?

当好标杆旗帜——树立了前行标尺,是我们一切工作的根本遵循。大庆油田要当好能源安全保障的标杆、国企深化改革的标杆、科技自立自强的标杆、赓续精神血脉的标杆。

建设百年油田——指明了前行方向,是我们未来发展的奋斗目标。百年油田,首先是时间的概念,追求能源主业的升级发展,建设一个基业长青的百年油田;百年油田,也是空间的拓展，追求发展舞台的开辟延伸，建设一个走向世界的百年油田；百年油田，更是精神的赓续，追求红色基因的传承弘扬，建设一个旗帜高扬的百年油田。

3. 大庆油田 60 多年的开发建设取得的辉煌历史有哪些？

大庆油田 60 多年的开发建设，为振兴发展奠定了坚实基础。建成了我国最大的石油生产基地；孕育形成了大庆精神铁人精神；创造了世界领先的陆相油田开发技术；打造了过硬的"铁人式"职工队伍；促进了区域经济社会的繁荣发展。

4. 开启建设百年油田新征程两个阶段的总体规划是什么？

第一阶段，从现在起到 2035 年，实现转型升级、高质量发展；第二阶段，从 2035 年到本世纪中叶，实现基业长青、百年发展。

5. 大庆油田"十四五"发展总体思路是什么？

坚持以习近平新时代中国特色社会主义思想为指导，深入贯彻落实党的二十大精神，牢记践行习近平总书记重要讲话重要指示批示精神特别是"9·26"贺信精神，完整、准确、全面贯彻新发展理念，服务和融入新发展格局，立足增强能源供应链稳定性和安全性，贯彻落实国家"十四五"现代能源体系规划，认真落实中国石油天然气集团有限公司党组和黑龙江省委省政府部署要求，全面加强党的领导党的建设，坚持稳中求进工作总基调，突出高质量发展主题，遵循"四个坚持"兴企方略和"四化"治企准则，推进实施以抓好"三件大事"为总纲、以谱写"四个新篇"为实践、以统筹"五大业务"为发展支撑的总体战略布局，全面提升企业的创新力、竞争力和可持续发展能力,当好标杆旗帜、建设百年油田,开创油田高质量发展新局面。

6. 大庆油田"十四五"发展基本原则是什么?

坚持"九个牢牢把握",即牢牢把握"当好标杆旗帜"这个根本遵循;牢牢把握"市场化道路"这个基本方向;牢牢把握"低成本发展"这个核心能力;牢牢把握"绿色低碳转型"这个发展趋势;牢牢把握"科技自立自强"这个战略支撑;牢牢把握"人才强企工程"这个重大举措;牢牢把握"依法合规治企"这个内在要求;牢牢把握"加强作风建设"这个立身之本;牢牢把握"全面从严治党"这个政治引领。

7. 中国共产党第二十次全国代表大会会议主题是什么?

高举中国特色社会主义伟大旗帜,全面贯彻新时代中国特色社会主义思想,弘扬伟大建党精神,自信自强、守正创新,踔厉奋发、勇毅前行,为全面建设社会主义现代化国家、全面推进中华民族伟大复兴而团结奋斗。

8. 在中国共产党第二十次全国代表大会上的报告中,中国共产党的中心任务是什么?

从现在起,中国共产党的中心任务就是团结带领全国各族人民全面建成社会主义现代化强国、实现第二个百年奋斗目标,以中国式现代化全面推进中华民族伟大复兴。

9. 在中国共产党第二十次全国代表大会上的报告中,中国式现代化的含义是什么?

中国式现代化,是中国共产党领导的社会主义现代化,既有各国现代化的共同特征,更有基于自己国情的中国特色。中国式现代化是人口规模巨大的现代化;中国式现代化是全体人民共同富裕的现代化;中国式现代化是物质文明和精神文明相协调的现代化；中国式现代化是人与自然和谐共生的现代化；中国式现代化是走和平发展道路的现代化。

10. 在中国共产党第二十次全国代表大会上的报告中，两步走是什么？

全面建成社会主义现代化强国，总的战略安排是分两步走：从二〇二〇年到二〇三五年基本实现社会主义现代化；从二〇三五年到本世纪中叶把我国建成富强民主文明和谐美丽的社会主义现代化强国。

11. 在中国共产党第二十次全国代表大会上的报告中，"三个务必"是什么？

全党同志务必不忘初心、牢记使命，务必谦虚谨慎、艰苦奋斗，务必敢于斗争、善于斗争，坚定历史自信，增强历史主动，谱写新时代中国特色社会主义更加绚丽的华章。

12. 在中国共产党第二十次全国代表大会上的报告中，牢牢把握的"五个重大原则"是什么？

坚持和加强党的全面领导；坚持中国特色社会主义道路；坚持以人民为中心的发展思想；坚持深化改革开放；坚持发扬斗争精神。

13. 在中国共产党第二十次全国代表大会上的报告中，十年来，对党和人民事业具有重大现实意义和深远意义的三件大事是什么？

一是迎来中国共产党成立一百周年，二是中国特色社会主义进入新时代，三是完成脱贫攻坚、全面建成小康社会的历史任务，实现第一个百年奋斗目标。

14. 在中国共产党第二十次全国代表大会上的报告中，坚持"五个必由之路"的内容是什么？

全党必须牢记，坚持党的全面领导是坚持和发展中国特色社会主义的必由之路，中国特色社会主义是实现中华民族伟大复兴的必由之路，团结奋斗是中国人民创造历史伟业的必由之路，贯彻新发展理念是新时代我国发展壮大的必由之路，全面从严治党是党永葆生机活力、走好新的赶考之路的必由之路。

 职业道德

（一）名词解释

1. **道德**：是调节个人与自我、他人、社会和自然界之间关系的行为规范的总和。

2. **职业道德**：是同人们的职业活动紧密联系的、符合职业特点所要求的道德准则、道德情操与道德品质的总和。

3. **爱岗敬业**：爱岗就是热爱自己的工作岗位，热爱自己从事的职业；敬业就是以恭敬、严肃、负责的态度对待工作，一丝不苟，兢兢业业，专心致志。

4. **诚实守信**：诚实就是真心诚意，实事求是，不虚假，不欺诈；守信就是遵守承诺，讲究信用，注重质量和信誉。

5. **劳动纪律**：是用人单位为形成和维持生产经营秩序，保证劳动合同得以履行，要求全体员工在集体劳动、工作、生活过程中，以及与劳动、工作紧密相关的其他过程中必须共同遵守的规则。

6. **团结互助**：指在人与人之间的关系中，为了实现共同的利益和目标，互相帮助，互相支持，团结协作，共同发展。

（二）问答

1. 社会主义精神文明建设的根本任务是什么？

适应社会主义现代化建设的需要，培育有理想、有道德、有文化、有纪律的社会主义公民，提高整个中华民族的思想道德素质和科学文化素质。

2. 我国社会主义道德建设的基本要求是什么？

爱祖国、爱人民、爱劳动、爱科学、爱社会主义。

3. 为什么要遵守职业道德？

职业道德是社会道德体系的重要组成部分，它一方面具有社会道德的一般作用，另一方面它又具有自身的特殊作用，具体表现在：（1）调节职业交往中从业人员内部以及从业人员与服务对象间的关系。（2）有助于维护和提高本行业的信誉。（3）促进本行业的发展。（4）有助于提高全社会的道德水平。

4. 爱岗敬业的基本要求是什么？

（1）要乐业。乐业就是从内心里热爱并热心于自己所从事的职业和岗位，把干好工作当作最快乐的事，做到其乐融融。（2）要勤业。勤业是指忠于职守，认真负责，刻苦勤奋，不懈努力。（3）要精业。精业是指对本职工作业务纯熟，精益求精，力求使自己的技能不断提高，使自己的工作成果尽善尽美，不断地有所进步、有所发明、有所创造。

5. 诚实守信的基本要求是什么？

（1）要诚信无欺。（2）要讲究质量。（3）要信守合同。

6. 职业纪律的重要性是什么？

职业纪律影响企业的形象，关系企业的成败。遵守职业纪律是企业选择员工的重要标准，关系到员工个人事业成功与发展。

7. 合作的重要性是什么？

合作是企业生产经营顺利实施的内在要求，是从业人员汲取智慧和力量的重要手段，是打造优秀团队的有效途径。

8. 奉献的重要性是什么？

奉献是企业发展的保障，是从业人员履行职业责任的必由之路，有助于创造良好的工作环境，是从业人员实现职业理想的途径。

9. 奉献的基本要求是什么？

（1）尽职尽责。要明确岗位职责，培养职责情感，全力以赴工作。（2）尊重集体。以企业利益为重，正确对待个人利益，树立职业理想。（3）为人民服务。树立为人民服务的意识，培育为人民服务的荣誉感，提高为人民服务的本领。

10. 企业员工应具备的职业素养是什么？

诚实守信、爱岗敬业、团结互助、文明礼貌、办事公道、勤劳节俭、开拓创新。

11. 培养"四有"职工队伍的主要内容是什么？

有理想、有道德、有文化、有纪律。

12. 如何做到团结互助？

（1）具备强烈的归属感。（2）参与和分享。（3）平等尊重。（4）信任。（5）协同合作。（6）顾全大局。

13. 职业道德行为养成的途径和方法是什么？

（1）在日常生活中培养。从小事做起，严格遵守行为规范；从自我做起，自觉养成良好习惯。（2）在专业学习中训练。增强职业意识，遵守职业规范；重视技能训练，提高职业素养。（3）在社会实践中体验。参加社会实践，培养职业道德；学做结合，知行统一。（4）在自我修养中提高。体验生活，经常进行"内省"；学习榜样，努力做到"慎独"。（5）在职业活动中强化。将职业道德知识内化为信念；将职业道德信念外化为行为。

14. 员工违规行为处理工作应当坚持的原则是什么？

（1）依法依规、违规必究；（2）业务主导、分级负责；（3）实事求是、客观公正；（4）惩教结合、强化预防。

15. 对员工的奖励包括哪几种？

奖励种类包括通报表彰、记功、记大功、授予荣誉称号、成果性奖励等。在给予上述奖励时，可以是一定的物质奖励。物质奖励可以给予一次性现金奖励（奖金）或实物奖励，也可根据需要安排一定时间的带薪休假。

16. 员工违规行为处理的方式包括哪几种？

员工违规行为处理方式分为：警示诫勉、组织处理、处分、经济处罚、禁入限制。

17.《中国石油天然气集团公司反违章禁令》有哪些规定？

为进一步规范员工安全行为，防止和杜绝"三违"现象，保障员工生命安全和企业生产经营的顺利进行，特制定本禁令。

一、严禁特种作业无有效操作证人员上岗操作；

二、严禁违反操作规程操作；

三、严禁无票证从事危险作业；

四、严禁脱岗、睡岗和酒后上岗；

五、严禁违反规定运输民爆物品、放射源和危险化学品；

六、严禁违章指挥、强令他人违章作业。

员工违反上述禁令，给予行政处分；造成事故的，解除劳动合同。

第二部分 基础知识

 专业知识

(一) 名词解释

1. **开发方式**：依靠哪种能量驱油开发油田，如注水、注蒸汽等。

2. **一次采油**：依靠油藏天然能量进行油田开采的方法，常见的如溶解气驱、气顶驱和弹性驱等。

3. **二次采油**：利用注水、注气等来保持和补充油藏能量的开采方法。

4. **三次采油**：在二次采油末期，综合含水上升到经济极限后，再利用热力驱、混相驱、化学驱等技术继续开发剩余油的方法。

5. **地质储量**：在地层原始条件下，具有产油（气）能力的储层中原油（气）的总量。

6. **可采储量**：在现有工艺技术和经济条件下，从储层中所能采出的油（气）储量。

7. **采收率**：在某一经济极限内，利用现代工程技术，从油藏原始地质储量中可以采出石油量的百分数。

8. **原始地层压力**：油气藏开发以前，油层孔隙中流体所承受的压力。即油层在开采前，从探井中测得的油层中部压力。

9. **目前地层压力（静压）**：油田投入开发以后，在某一时刻关井稳定后测得的油层中部压力。

10. **流动压力（流压）**：油井正常生产时测得的油层中部压力。

11. **总压差**：原始地层压力与目前地层压力的差值。

12. **采油压差**：油井正常生产时地层压力与井底流动压力的差值，又称生产压差。

13. **产量递减率**：单位时间的产量变化率或单位时间内产量递减的百分数。

14. **采油速度**：年产油量与其动用的地质储量比值的百分数。

15. **采出程度**：油田开采到某一时期，累计从地下采出的油量与动用地质储量比值的百分数。

16. **采油指数**：单位生产压差下油井的日产油量，单位为 t/(MPa·d)。

17. **含水率**：油田或油井日产水量与日产液量的比值，也称含水百分数。

18. **含水上升率**：每采出 1% 的地质储量含水率的上升值。

19. **动液面**：非自喷油井在正常生产过程中，油管、套管环形空间中的液面。

20. **静液面**：非自喷油井关井后，油管、套管环形空间中的液面逐渐上升到一定位置，并且稳定下来时的液面。

21. **沉没度**：深井泵沉没到动液面以下的深度，其大小等于泵挂深度减去油井动液面深度。

22. **油管压力（油压）**：油气从井底经油管流到井口后的剩余压力。

23. **套管压力（套压）**：油管、套管环形空间内，油气在井口的剩余压力。

24. **抽油机冲程**：抽油机工作时，光杆在驴头的带动下做上、下往复运动，光杆运动的最高点和最低点之间的距离，用 S 表示，单位为 m。

25. **抽油机冲次**：抽油泵活塞在工作筒内每分钟往复运动的次数，用 n 表示，单位为次/min。

26. **抽油机平衡率**：抽油机下冲程峰值电流与上冲程峰值电流比值的百分数。

27. **抽油机井示功图**：描绘抽油机井驴头悬点载荷与光杆位移的关系曲线。

28. **深井泵泵径**：井下抽油泵活塞截面的直径，单位为 mm。

29. **深井泵泵效**：油井的实际产液量与泵的理论排量比值的百分数。

30. **深井泵防冲距**：抽油泵活塞运行到最低点时，活塞最下端和固定阀之间的距离。

31. **深井泵气锁**：气体充满深井泵工作筒，封锁井液进入深井泵的通路，深井泵抽汲时由于气体在泵内压缩和膨胀，使固定阀和游动阀无法打开，造成抽不出油的现象。

32. **电动潜油泵排量**：单位时间内电动潜油泵排出液体的体积。

33. **笼统注水**：注水井不分层段，在同一压力下注水的方式。

34. **分层注水**：根据油层的性质及特点，把性质相近的油层合为一个注水层段，应用以封隔器、配水器等为主组成的分层配水管柱，将不同性质的油层分隔开来，用不同压力对不同层段定量注水的方式。

35. **注水井正注**：注水井从油管向油层内注水的方法。

36. **注水井反注**：注水井从套管向油层内注水的方法。

37. **注水井合注**：注水井从油管、套管同时向油层内注水的方法。

38. **注水井注水压力**：注水井注水时的井底压力。

39. **注水井启动压力**：油层开始吸水时的注水压力。

40. **注水井注水压差**：注水井注水时的井底压力与地层压力的差值。

41. **注水井注水量**：注水井单位时间内向油层中注入的水量，单位为 m^3/d。

42. **注水井配注**：对于注水开发的油田，为了保持地下流体处于合理状态，根据注采平衡，减缓含水率上升速度等，对注水井确定合理的注水量。

43. **注水井吸水指数**：注水井在单位注水压差下的日注水量，单位为 $m^3/(MPa·d)$。

44. **注采比**：注入剂（如水）在地下所占的体积与采出物（油、气、水）在地下所占的体积之比。

45. **注采平衡**：注入油层水量与采出液量的地下体积相等，注采比为1。

46. **化学驱油**：利用注入油层的化学剂改善地层原油—化学剂溶液—岩石之间的物理特性，从而提高原油采收率的驱油方法。化学驱包括聚合物驱、表面活性剂驱、碱水驱、复合驱和泡沫驱等。

47. **三元复合驱油**：在注入水中加入低浓度的碱、表面活性剂和聚合物的复合体系驱油的一种提高采收率的方法。

48. **聚合物驱油**：以聚合物水溶液为驱油剂，通过增加注入水的黏度，在注入过程中降低水侵带的岩石渗透率，提高注入水的波及效率，改善水驱油效果。

49. **聚合物注入速度**：年注入聚合物溶液量与油层孔隙体积的比值。

50. **聚合物注入程度**：累计注入聚合物溶液量与油层孔隙体积的比值。

51. **捞油井**：捞油是由单井产能和地质条件所决定的一种油井采油方式，以捞油方式生产的油井称为捞油井。

52. **捞油区**：以捞油方式投产的产能区块。

53. **变送器**：把传感器的输出信号转变为可被控制器识别的信号（或将传感器输入的非电量转换成电信号同时放大以便供远方测量和控制的信号源）的转换器。

54. **压力变送器**：一种将压力变量转换为可传送的标准输出信号的仪表，而且输出信号与压力变量之间有一定的连续函数关系，主要用于工业过程压力参数的测量和控制。

55. **温度变送器**：将温度传感器技术和附加的电子部件结合在一起的一种仪表，它可以实现远方设定或远方修改组态数据。

56. **传感器**：将一个要测量的物理量转换成另一个可以读取处理的物理量的仪表，现代控制中，这种物理量就是电信号。

57. **载荷传感器**：一种将重力、加速度、压力等参数所产生的力转换为可传送的标准输出信号的仪表。

58. 流量检测传感器：将流量转换为可传送的标准输出信号的传感器。

59. 变频器：应用变频技术与微电子技术，通过改变电动机工作电源频率方式来控制交流电动机的电力控制设备。

60. 磁浮子液位计：通过磁性浮子与显示色条中磁性体的耦合作用，反映被测液位或界面的测量仪表。

（二）问答

1. 抽油机怎样分类？

按传动方式可分为机械式传动抽油机和液压传动抽油机。按外形结构和原理可分为游梁式抽油机和无游梁式抽油机。其中，游梁式抽油机可分为常规式抽油机、前置（移）式抽油机、异形游梁式抽油机；无游梁式抽油机可分为塔架式抽油机、链条式抽油机、矮形异相曲柄平衡抽油机。

2. 游梁式抽油机由几部分组成？

游梁式抽油机由主机和辅机组成。主机由底座、减速箱、曲柄、平衡块、连杆、横梁、支架、游梁、驴头、悬绳器、刹车装置及各种连接轴承组成；辅机由电动机、电路控制装置组成。

3. 游梁式抽油机的工作原理是什么？

电动机将其高速旋转运动传递给减速箱的输入轴，经中间轴后带动输出轴，输出轴带动曲柄做低速旋转运动。同时，曲柄通过连杆、横梁拉动游梁、驴头上下摆动，带动抽油杆、活塞做上下往复运动，抽油出井。

4. 游梁式抽油机型号的含义是什么？

游梁式抽油机型号表示方法如下：

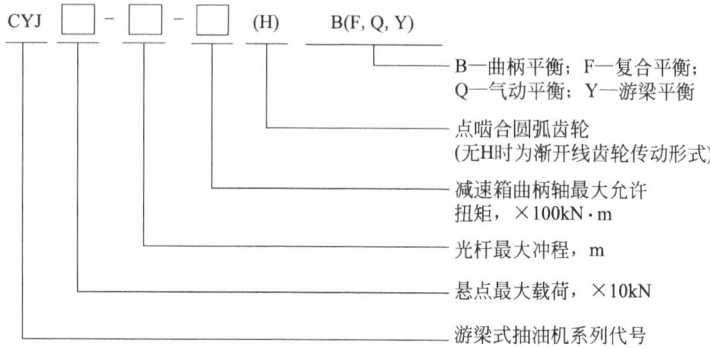

5. 游梁式抽油机驴头的作用是什么？

保证抽油时光杆始终对准井口中心位置。驴头的弧线是以支架轴承为圆心，游梁前臂长为半径画弧而得到的。

6. 游梁式抽油机驴头在修井时移开井口的方法有几种？

可分为侧转式、上翻式、可卸式三种。

7. 游梁式抽油机游梁的作用是什么？

游梁固定在支架上，前端安装驴头承受井下负荷，后端连接横梁、连杆、曲柄、减速箱传递电动机的动力。

8. 游梁式抽油机平衡块的作用是什么？

抽油机上冲程时，平衡块向下运动，帮助克服驴头所承受的负荷；下冲程时，电动机使平衡块向上运动，储存能量。在平衡块的作用下，可以减小抽油机上、下冲程的负荷差别。平衡方式分为游梁平衡、曲柄平衡、复合平衡、气动平衡四种。

9. 游梁式抽油机减速箱的作用是什么？

将电动机的高速转动，通过三轴二级减速变成曲柄轴（输出轴）的低速转动，同时支撑曲柄平衡块，如图 2-1 所示。

10. 游梁式抽油机减速箱加多少润滑油为宜？

润滑油加到上、中检查孔之间为宜（浸没二轴齿圈）。

过多容易引起减速箱温度升高，且易造成各油封漏油；过少齿轮在油中浸没度小，齿轮润滑效果差。特别是采用飞溅式润滑的轴承，起不到润滑作用。

图 2-1　减速箱内部齿轮结构

11. 游梁式抽油机刹车装置有几种形式？各有什么特点？

现场常用的刹车装置分为外抱式和内胀式两种。外抱式刹车装置的特点是防风沙性能较好，结构简单，安装调试、维护保养方便，但防油性能较差；内胀式刹车装置与外抱式刹车装置相比，虽然结构稍复杂一些，但操作方便，牢靠性强，如图 2-2、图 2-3 所示。

图 2-2　外抱式刹车装置

图 2-3 内胀式刹车装置

12. 游梁式抽油机刹车系统在抽油机运转中的地位如何？其系统性能主要取决于什么？

(1) 抽油机的刹车系统是非常重要的操作控制装置，其制动性是否灵活可靠，对抽油机各种操作的安全起着决定性作用。(2) 刹车系统性能主要取决于刹车行程（纵向、横向）和刹车片与刹车毂的配合程度。

13. 抽油杆的型号如何表示？

抽油杆型号表示方法如下：

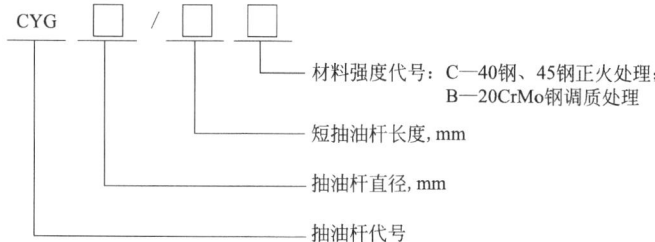

例如：CYG25/2500C，其中"CYG"表示抽油杆代号，"25"表示抽油杆直径，"2500"表示短抽油杆长度，"C"表示所用钢为 40 钢、45 钢正火处理。

14. 抽油机光杆在使用、搬运和存放时的注意事项有哪些？

(1) 在搬运、存放过程中，避免光杆弯曲变形。尽量不要损坏光杆，避免在光杆表面留下毛刺、凹坑等伤痕，出现毛刺、凹坑要及时去除。(2) 配用与光杆直径吻合的光杆卡子。(3) 在修井时，由于光杆上套有密封器，提出来的光杆要垫平，防止光杆弯曲。(4) 悬绳器上方的光杆卡子要平整安放，不可出现倾斜，防止光杆发生弯曲。

15. 双驴头抽油机的结构特点及适用条件是什么？

双驴头抽油机与普通抽油机相比，结构特点是去掉了普通游梁式抽油机的尾轴，以一个后驴头装置代替，并通过柔性配件即驱动绳瓣子与横梁连接，构成了一个完整的抽油机四连杆机构。其优点是冲程长，可达5m，适用范围大，动载小，工作平稳，易启动；缺点是驱动绳瓣子易磨损。该种抽油机适用于中、低黏度原油和高含水期的采油，是一种冲程长、节能好的抽油机，如图2-4所示。

图2-4 双驴头抽油机

16. 塔架式抽油机的结构特点有哪些？

塔架式抽油机是一种新型无游梁抽油机，由基础部分、塔架部分和传动部分组成，与游梁式抽油机相比省略了四连杆机构，不用游梁即可将电动机的旋转运动转化为光杆的上下往复运动。

17. 塔架式抽油机的工作原理是什么？

根据井下抽油泵往复直线工作特点，用计算机程序控制电动机的自动换向，带动减速机构，实现光杆的上下运动，来完成井液抽汲。提升钢丝绳一端通过悬绳器与光杆连接，另一端与配重箱连接，构成了一个天平结构的平衡系统。

18. 塔架式抽油机的优点有哪些？

塔架式抽油机在保持高可靠性优点的前提下，具有调参方便、长冲程、大负荷、小体积、节约占地以及节电效果显著等优点，新型塔架式抽油机还具有让位移机功能，为油井作业施工提供方便。

19. 捞油的概念是什么？捞油的主要设备有哪些？

捞油是以套管采油为主的采油工艺，是采用机械设备，将原油提升到地面的一种活动式采油方式。目前捞油使用的主要设备有车载式和固定轨道式两种。车载式的主要设备有捞油车和油罐车两种。

20. 捞油的生产特点是什么？

机动性强，不需要铺设集油管道，为边远井、非成片区域零散井提供合理的开采方式。捞油与其他采油方式相比，可多井共用一套设备，每次捞油完成后，捞油设备要提出井筒，每次捞油正常结束后，封井口待下次捞油。

21. 捞油井口的类型有哪几种？

（1）整体固定式捞油井口；（2）防撞脱式捞油井口；（3）高压式捞油井口。

22. 捞油车的作用是什么？

捞油车带有绞车、发动机等设备，可以为捞油过程提供动力来源，它由发动机提供动力并经绞车传递到捞油泵，捞油泵再将井中的原油提升到地面。

23. 深井泵由哪几部分组成？

深井泵是有杆泵机械采油方法的一种专用设备，泵下在油井井筒中动液面以下一定深度，依靠抽油杆传递抽油机动力，将原油抽出地面。深井泵主要由工作筒、游动阀、固定阀、活塞、衬套等组成，如图 2-5 所示。

(a) 深井泵活塞

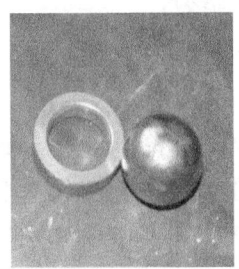
(b) 阀与阀座

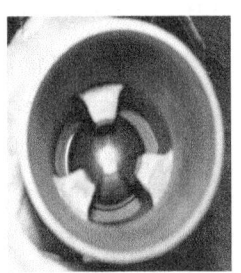
(c) 固定阀与阀罩

图 2-5　深井泵

24. 深井泵的工作原理是什么？

当活塞上行时，游动阀关闭，固定阀打开，井内液体进入泵筒，充满活塞上行所让出的空间。当活塞下行时，固定阀关闭，游动阀打开，液体从泵筒内经过空心活塞上行进入油管。活塞上下不断运动，游动阀与固定阀不断交替关闭和打开，井内液体不断进入工作筒，从而上行进入油管，最后到达地面。

25. 深井泵理论排量的计算公式是什么？

理论排量就是深井泵在理想的情况下，活塞一个冲程可排出的液量。在数值上等于活塞上移一个冲程时所让出的体积。其计算公式如下：

$$Q_{理} = 1440Sn(\pi D^2/4)$$

式中　$Q_{理}$——抽油泵理论排量，m^3/d；
　　　S——抽油机井冲程，m；
　　　n——抽油机井冲次，min^{-1}；
　　　D——抽油泵泵径，mm。

26. 深井泵泵效的计算公式是什么？

$$\eta = Q_{实}/(\rho_{液} Q_{理}) \times 100\%$$

式中　η——抽油机井泵效；
　　　$Q_{实}$——抽油机井实际产液量，t/d；
　　　$\rho_{液}$——采出液相对密度；
　　　$Q_{理}$——抽油泵的理论排量，m^3/d。

27. 深井泵泵效的提高方法有哪些？

（1）提高注水效果，保持地层能量，稳定地层压力，提高供液能力；（2）合理选择深井泵，提高泵的质量，保证泵的配合间隙及阀不漏；（3）合理选择抽油机井工作参数；（4）减少冲程损失。

28. 深井泵损坏的原因有哪些？

（1）深井泵在工作中受砂、蜡、水、气及稠油的影响，工作条件恶劣导致了泵的损坏；（2）未起出泵筒，带泵筒进行酸化作业，造成衬套和固定阀腐蚀损坏；（3）部分斜井造成活塞与衬套偏磨；（4）由于地层水、硫化氢气体腐蚀，使阀球、阀座、活塞和衬套损坏；（5）由于打捞、碰泵、对扣等操作未严格按照操作规程进行，造成固定阀损坏；（6）搬运中未注意轻搬轻放，造成深井泵外管弯曲或碰扁。

29. 抽油机井作业的原因有哪些？

（1）井下泵结蜡严重，造成卡泵；（2）活塞管杆断脱；（3）调节泵挂深度（目的是调整供液与抽汲关系），适应合理生产压差；（4）换（大、小）泵；（5）调整泵下部配产管柱；（6）泵漏、管漏、补层等。

30. 采油井防气措施有几种？

（1）在泵的进口处安装气锚，使气体不进入泵筒内；（2）采用缩小深井泵余隙容积的方法；（3）增加深井泵的沉没压力，即增大沉没度，减少气体析出量；（4）对套压高的井，采取定期放气或定压阀放气的办法来减少气体影响。

31. 油井结蜡的影响因素有哪些？

（1）原油的性质和含蜡量；（2）原油中胶质、沥青质含量；（3）压力和溶气量；（4）原油中水和机械杂质；（5）液流速度、管壁粗糙度及表面性质。

32. 抽油机井结蜡对深井泵有什么影响？

（1）井口、地面管线结蜡，井口回压增大，深井泵压头增大；（2）深井泵出口结蜡，油管沿程损失增大，地面驱动系统负荷增大；（3）下泵部位结蜡，泵的吸液状况变差；（4）泵吸入口以下结蜡，泵效降低，易烧泵。

33. 抽油机井结蜡现象有哪些？

产量逐渐减少；抽油机上行负荷增大，下行负荷减小，电动机上行电流增大，下行电流比正常时也增大；光杆下行困难，严重者光杆不下行；关闭回压阀门，打开取样阀门，有时有小蜡块带出；示功图圈闭面积比正常时增大。

34. 油井防蜡方法一般有哪些？

（1）油管内衬和涂层防蜡；（2）化学防蜡；（3）磁防蜡；（4）声波防蜡。

35. 抽油机井出砂有哪些危害？

抽油机井出砂会磨损泵筒、活塞、阀球和阀座，导致泵效降低，油井产量减少，严重者可造成卡泵，堵塞油管，阻塞油层，迫使油井停产。

36. 抽油机井出砂的现象有哪些？

取油样中有砂粒，取样阀门关不严，抽油机负荷增大，电动机声音不正常，手摸光杆有振动感觉，示功图呈锯齿状，严重出砂可造成深井泵砂卡。

37. 油井出砂如何管理？

（1）制订合理的配产方案，通过生产试验确定不会出砂的生产压差；（2）开、关井平稳操作，防止引起油层出砂；（3）井下采用防砂泵和防砂筛管等防砂工具；（4）对出砂严重井，采取固砂措施。

38. 抽油机井热洗周期确定的指标有哪些？

以下五项指标中，任意三项变化达到要求时，可确定对抽油机井进行热洗，并确定合理的热洗周期：（1）产液量下降 10% 以上；（2）上电流上升 1.12 倍以上；（3）沉没度上升 100m 以上；（4）上行程载荷上升 5% 以上（未动管柱）；（5）下行程载荷下降 3% 以上（未动管柱）。

39. 抽油机井在什么情况下不能进行热洗？

（1）来水压力低于油井套压；（2）来水温度低于 75℃；（3）流程中有刺漏；（4）抽油机有故障未排除；（5）已通知停电、停泵的情况。

40. 油井热洗前有什么要求？

热洗前必须进行大排量的热水地面循环，计量间热洗汇管来水温度达到 75℃ 以上时方可进行热洗。

41. 抽油机井热洗质量的评价指标是什么？

抽油机井热洗质量评价指标有五项：产液量增加；电流峰值下降；沉没度下降；上行程载荷下降；下行程载荷上升。其中三项达到要求即为热洗合格。

42. 抽油机井示功图的用途是什么？利用抽油机井示功图可以检查抽油机井的哪些故障？

示功图分为理论示功图和实测示功图，是解释深井泵抽汲状况最有效的手段。通过直观的图形比较，可以分析判断抽油机井工作状况。

利用抽油机井示功图可以检查以下故障：（1）砂、蜡、气对抽油泵工作的影响；（2）泵漏失；（3）油管漏失；（4）抽油杆断脱；（5）活塞与工作筒配合状况；（6）活塞被卡。

43. 抽油机井井下常见故障的检查方法有哪些？如何处理？

检查方法：（1）利用动态控制图；（2）利用示功图；（3）井口憋压法；（4）试泵法；（5）井口呼吸观察法。

处理方法：（1）循环冲洗；（2）拔出工作筒冲洗；（3）光杆对扣，打捞光杆；（4）碰泵。

44. 抽油泵活塞未进入工作筒或抽油杆断脱时，井口有什么现象？

抽油机井不出油；憋压时压力表指针不上升；光杆发热；抽油机井上行载荷减小，电动机上行电流减小，下行电流不变或增大。当抽油杆在井口附近断脱时，抽油杆上、下行载荷和电动机上、下行电流差异较大。

45. 抽油机井完井憋泵的标准是什么？

憋泵时油压上升至 3.5MPa，停机 15min，压降小于

0.3MPa 为合格。

46. 抽油机电动机负载过重会造成什么后果？

（1）温升过高；（2）电流过大；（3）绝缘损坏，烧毁电动机。

47. 抽油机为什么要定期保养？

抽油机运转一段时间后，会出现机件磨损、松动，油料消耗、变质等现象，必须对抽油机进行紧固、润滑、调整、更换零部件等操作，以保证抽油机长期正常运转，延长使用寿命，同时要及时检查，发现问题要及时处理。

48. 抽油机皮带松紧度采用什么方法检查？

用手下按，可按下 1～2 指为合格；或手翻皮带，背面向上，松手后即恢复原状为合格。

49. 油井停产后为什么要扫线？

油井停产后，液体在管线中停止流动，温度下降导致液体逐渐凝固，造成管线堵塞。为了防止管线堵塞，便于二次开井，为此停产后要进行扫线。

50. 油井增产措施有哪些？

压裂、酸化、堵水、补孔、调参（调冲程、调冲次、换泵）等。

51. 抽油机井节能技术主要分为哪几大类？

（1）节能型电动机；（2）节能型配电箱；（3）节能型抽油机；（4）其他类节能技术。

52. 电动潜油泵装置由几部分组成？

电动潜油泵装置由三大部分、七大件组成。井下部分包括多级离心泵、潜油电动机、电动机保护器、油气分离器；中间部分包括传输电能的专用电缆；地面部分包括变压器、控制屏。

53. 电动潜油泵采油有什么特点？

电动潜油泵采油与其他机械采油方式相比，有排量大、扬程高、管理方便等特点，但一次投资成本较高，施工、管理技术条件要求严格。

54. 电动潜油泵的工作原理是什么？

地面控制屏把符合标准电压要求的电能，通过接线盒及电缆输给井下潜油电动机，潜油电动机再把电能转换成高速旋转的机械能传递给多级离心泵，从而使经油气分离器进入多级离心泵内的液体被加压举升至地面，与此同时井底压力（流压）降低，油层液体流入井底。

55. 电动潜油泵井油气分离器的作用是什么？

目前各油田所使用的油气分离器有沉降式和旋转式（离心、涡流）两种。油气分离器安装在多级离心泵的吸入口处，作用是使井液通过时（在进入多级离心泵前）进行油气分离，降低气体对多级离心泵特性的影响。

56. 电动潜油泵井电动机保护器的作用是什么？

保证电动机在密封的情况下工作，它的主要作用是平衡电动机内外腔压力、传递扭矩、轴向卸载和完成呼吸任务。

57. 电动潜油泵井控制柜有哪些功能？

控制柜是电动潜油泵机组的专用控制设备。其功能有：（1）连接和切断供电电源与负载之间的电路；（2）通过电流记录仪，反映机组在井下的运行状态；（3）通过电压表检测机组的运行电压、控制电压；（4）识别负载短路和超负荷，完成机组的过载保护停机；（5）借助中心控制器，完成机组的欠载保护停机；（6）按预定的程序实现自动延时启动；（7）通过选择开关，完成机组的手动、自动两种方式启动；（8）通过指示灯显示机组的运行、欠载停机、过载停机三种状态。

58. 电动潜油泵井接线盒的作用是什么?

(1) 连接地面与井下电缆；(2) 方便测量机组参数和调整三相电源相序（电动机正、反转）；(3) 防止井下天然气沿电缆内层进入控制屏而引起危险。

59. 电动潜油泵井为什么要设定过载值和欠载值?

电动潜油泵井的机泵安装在井下，工作时其承受高压、大电流的重负荷。由于对负荷的影响因素很多，如果要保证机组正常运行就必须对其进行控制。因此，需设定工作电流的最高、最低工作值的界限，即设定过载值和欠载值。

60. 电动潜油泵井过载值和欠载值的设定原则是什么?

(1) 新下泵试运时，过载电流值为额定电流的 1.2 倍，欠载电流值为额定电流的 0.8 倍（也可为 0.6～0.7 倍）；(2) 试运几天后（一般 12h 后即可），再根据其实际工作电流值进行重新设定。原则是：过载电流值为实际工作电流的 1.2 倍，但最高不能高于额定电流的 1.2 倍，欠载电流值为实际工作电流的 0.8 倍，但最低不能低于空载允许最低值。

61. 电动潜油泵井影响生产的主要因素有哪些?

(1) 抽汲流体性质；(2) 电源电压；(3) 设备性能；(4) 油井管理水平。

62. 电动潜油泵采油气体过多的危害有哪些?

电动潜油泵是一种多级离心泵，若游离气体过多，叶轮流道的大部分空间被气体占据，将严重影响电动潜油泵的扬程、排量及效率，最终使离心泵停止排液。日常生产中机组经常欠载停机，造成保护器失灵，而导致电动机烧损。

63. 电动潜油泵井减少气体影响的措施有哪些?

安装井下油气分离器，使大部分气体排入油管、套管环形空间；尽可能降低套压，加深泵挂，提高沉没度，减少气体影响。

64. 电动潜油泵井出砂对运行有何影响？

由于电泵叶轮间隙很小，长时间运转后，砂与叶轮摩擦而使叶轮间隙变大，漏失加大，严重时会产生卡泵现象，所以要求电泵井含砂量在 0.05% 以下。

65. 电动潜油泵井的清蜡方法有哪些？

机械清蜡（刮蜡片清蜡）；热油循环清蜡；电缆热清蜡；化学药剂清蜡等。

66. 电动潜油泵井产量逐渐下降的原因有哪些？

油层供液不足；油管漏失；机组磨损，扬程降低；机组吸入口有堵塞现象；气体影响等。

67. 电动潜油泵井机组运行时电流偏高的原因有哪些？

（1）机组安装在弯曲井眼的弯曲处；（2）机组安装卡死在封隔器上；（3）电压过高或过低；（4）排量大时泵倒转；（5）泵的级数过多；（6）井液黏度过大或密度过大；（7）有泥砂或其他杂质。

68. 电动潜油泵井日常管理中应注意哪些问题？

（1）欠载停机后，要观察分析液面变化情况及原因，如供液是否不足、欠载值是否合理、油嘴是否过大，并采取相应措施；（2）过载停机后，不允许二次启动，应由专业人员查找故障原因；（3）清蜡时要防止砸坏泄油阀；（4）待作业井禁止套管生产，防止套管结蜡严重，卡死机组；（5）电流卡片要准确填写井号、日期、停机原因。

69. 电动潜油泵井油嘴的作用是什么？

在生产过程中，油嘴起着控制油井生产压差的作用。改变油嘴的大小，可以控制和调节油井生产压差和产量。

70. 电动潜油泵井阴雨天为什么容易发生停机现象？

由于阴雨天空气潮湿，泵、电缆、控制柜容易产生放电现象，就会出现保护停机现象。因此，阴雨天电泵井停机后，不要马上启泵，应请电工排除故障后再启泵。

71. 电动潜油泵井故障停机后，为什么不允许二次启动？

故障停机一定有故障点，如在未排除故障之前启动，故障将会扩大，使设备或机组损坏严重。如电源缺相启泵，会导致启动电流超出额定电流的10多倍，很容易烧坏机组，所以故障停机后绝对不允许二次启动。

72. 电动潜油泵井频繁启停对电动机有什么影响？

电动潜油泵电动机内腔通过保护器与井液相连通，每启停电泵一次，保护器完成一次呼吸过程。由于保护器内腔与井液连通，每呼吸一次井液就要进入保护器一部分，频繁启停泵会造成保护器失效，而使井液进入电动机，破坏电动机绝缘。已经运行几年的电动潜油泵，不能承受大电流和过电压的冲击，所以要尽量避免不必要的停机。

73. 电动潜油泵井记录仪电流与实际电流不符的原因有哪些？

（1）记录仪本身误差太大；（2）笔尖连杆松动、移位；（3）互感器变比不正确或有短路现象。

74. 电动潜油泵井机组无故障而启泵就停的原因有哪些？

（1）中心控制器损坏；（2）过载值和欠载值调整相反；（3）电压严重不平衡；（4）单相运转。

75. 螺杆泵井采油系统由几部分组成？

螺杆泵井采油系统由电控部分、地面驱动部分、井下螺杆泵、配套工具组成。

76. 螺杆泵的工作原理是什么？

地面驱动装置驱动光杆转动，通过抽油杆将旋转运动和动力传递给井下转子，使其转动。定子和转子密切配合形成一系列的封闭腔和空腔。当转子转动时，封闭腔沿轴向由吸入端向排出端运移，在排出端消失；同时吸入端形成新的封闭腔，其中空腔内所盛满的液体也随着封闭腔的运移由吸入端推挤到排出端。封闭腔和空腔的不断形成、运移、消失，泵送液体排出井口。

77. 螺杆泵型号（KGLB500-20）中各符号的含义是什么？

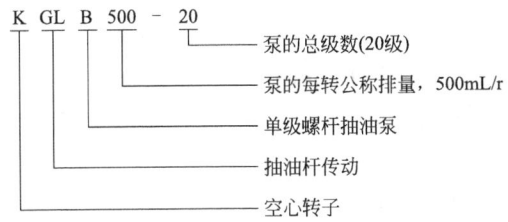

78. 螺杆泵井为什么要使用专用抽油杆？

由于在螺杆泵采油井中，抽油杆除了承受轴向拉力之外，还承受扭矩作用，其受力状态比在抽油机井中差，与在抽油机井中相比，更容易发生杆体断裂、脱扣、滑扣等故障。因此，需要使用专用抽油杆，通过采用新的结构，改善抽油杆的受力状况，提高杆柱的可靠性。

79. 螺杆泵井专用井口的作用是什么？

简化了采油树，使用、维修、保养方便，同时增强井口强度，减小地面驱动装置的振动，起到保护光杆和更换密封填料时密封井口的作用。

80. 螺杆泵井驱动装置的安全防护措施有哪些？

有光杆防护罩、防反转装置、安全标识等，防止螺杆泵驱动装置零部件破损、松脱、损坏，造成人员伤害及设备损坏。

81. 直驱螺杆泵井的工作特点是什么？

采用专用永磁无刷电动机作为螺杆泵地面驱动装置，驱动装置带有密封装置且直接安装在油井井口上，螺杆泵驱动光杆直接穿过电动机的转子空心轴，即电动机直接带动光杆一起旋转，举升井液。

82. 螺杆泵井直驱系统的优点是什么？

（1）结构简单，占地面积小，运行噪声低，地面无级调速，日常管理简单、安全、方便；（2）由于不使用机械减速箱和皮带传动装置，使机械维护量大大降低；（3）可通过控制器自动改变加在泵杆上的扭矩大小，有效保护螺杆泵，防止断杆、油井抽空等故障出现；（4）低转速运行，大扭矩输出；（5）能耗低，与普通型驱动装置相比节能10%～30%以上，节能效果明显。

83. 螺杆泵为什么具有抗偏磨功能？

由于结构特点，螺杆泵工作时抽油杆柱带动转子旋转抽汲井液，杆柱受力均衡。虽然也会产生弯曲，但通过扶正，基本可以消除偏磨油管的现象，而且对油管的磨损不会由于采出液具有黏弹性而显著增加，同时因螺杆泵输送液体流速稳定，使螺杆泵具有抗偏磨的功能。

84. 螺杆泵理论排量的计算公式是什么？

螺杆泵的理论排量由螺杆泵的外径、转子偏心距、定子导程及其转速决定。计算公式如下：

$$Q=5760eDTn$$

式中　Q——螺杆泵的理论排量，m^3/d；

　　　e——转子的偏心距，m；

　　　D——转子的截面圆直径，m；

　　　T——定子的导程，m；

　　　n——转子的转速，r/min。

85. 螺杆泵井产液量的影响因素有哪些？

(1) 黏度的影响；(2) 供液不足的影响；(3) 气体的影响；(4) 砂粒的影响；(5) 设备磨损的影响。

86. 螺杆泵使用寿命的主要影响因素有哪些？

(1) 定子、转子的加工精度及表面粗糙度；(2) 定子橡胶与金属外套的黏结强度；(3) 定子橡胶的耐热、耐油、耐气侵、耐磨等性能；(4) 定子、转子合理过盈量的选择；(5) 螺杆泵合理转速的确定。

87. 螺杆泵采油系统和其他人工举升方式相比较有哪些优点？

(1) 一次性投资少；(2) 泵效高，节能效果好，维护费用低；(3) 占地面积小；(4) 适合稠油开采；(5) 适应高含砂井；(6) 适应高含气井；(7) 适合于海上油田丛式井组和水平井。

88. 螺杆泵井检泵作业施工的原因有哪些？

抽油杆断脱、油管断脱、吸入部分堵塞、定子橡胶脱落、调整泵参数等。

89. 螺杆泵井热洗质量的评价指标是什么？

螺杆泵井热洗质量评价指标有三项：产液量增加；有功功率下降；沉没度下降。其中两项达到要求即为热洗合格。

90. 螺杆泵井常见故障有哪些？

地面故障包括井口渗漏、电动机故障和电控箱故障等；井下故障包括油管故障、抽油杆故障和井下泵故障等。相比之下，地面故障比较容易判断，井下故障则需要通过多项特征参数综合测试分析确定。

91. 螺杆泵井抽油杆柱断脱后的现象有哪些？

井口无产量，油压不上升，工作电流接近空载电流。

92. 螺杆泵井抽油杆柱脱扣的主要原因有哪些？

(1) 负载扭矩过大；(2) 停机后油管内液体回流；(3) 防反转机构失灵，停机时在杆柱存储扭矩的作用下，杆柱高速反转造成脱扣；(4) 油管、套管环形空间内的液柱作用；(5) 作业施工质量差；(6) 对于自喷能力较强的螺杆泵井，一旦停机，井底流压不断升高，推动转子转动实现自喷生产，此时也可能发生脱扣。

93. 螺杆泵井抽油杆柱断裂的主要原因有哪些？

(1) 杆柱设计强度不合理；(2) 油井发生蜡堵；(3) 井下泵定子溶胀将转子抱死；(4) 井中异物造成卡泵；(5) 杆体质量未达到标准或使用中造成杆体缺陷；(6) 抽油杆扶正器设置不合理，造成杆、管摩擦，以致抽油杆磨断。

94. 螺杆泵抽空的危害是什么？如何避免抽空？

当螺杆泵井的动液面接近泵吸入口时，流经泵内的液体过少，使定子、转子发生干磨，会在短时间内烧毁定子，所以必须避免泵抽空情况的发生。避免抽空应做到以下几点：(1) 试运行期间，螺杆泵井的工作参数应适当低于产能设计要求，并连续测量动液面，待稳定后，再根据动液面情况进行调参；(2) 必须坚持定期测量动液面，保证泵的合理沉没度；(3) 每次提高转速后，应连续测量动液面，待稳定后再恢复正常测试周期；(4) 安装防抽空保护器。

95. 注水井封隔器的作用是什么？

用来封隔油层，与配水器配套使用，实现分层配注、分层测试、分层作业和保护油层上部套管。

96. 注水井偏心配水器的组成部分及作用是什么？

注水井偏心配水器是一种活动式分层配水工具，主要由工作筒和堵塞器两大部分组成，水嘴装在堵塞器上，可以用特殊打捞器打捞任意一级进行更换。其作用是便于测试各层段配水量的完成情况。对完不成配注方案的层段，可以任意检查、更换水嘴，以达到完成配注方案要求，提高注水井合格率的目的。

97. 注水井配水嘴的作用是什么？

节流水压、控制水量、定量注水。

98. 注水井什么情况下采用笼统注水？

（1）各层段层间矛盾小，各小层吸水能力相近；（2）井下技术状况变差，不能下入分层管柱；（3）单层注水井。

99. 注水井出现什么情况时需要重配或调整？

（1）注采不平衡，油层压力急剧下降或急剧上升；（2）连通油井中出现新的见水层位或全井含水上升速度快；（3）层段性质改变；（4）原方案划分的层段或确定的水量不合理；（5）油井采取增产措施；（6）封隔器位置有变化。

100. 地面注水系统由什么组成？

从水源到注水井地面注水系统通常包括水源泵站、水处理站、注水站、配水间和注水井，各部分之间通过注水干线或支线连接。

101. 注水井井口装置主要由哪些部件组成？

注水井井口装置一般采用 CY250 型、KZF24.5/65 型采油树。主要由套管四通、套管阀门、油管四通、生产阀门、放空阀门、总阀门、测试阀门、油套压装置、油管挂顶丝、卡箍、法兰、过滤器等零部件组成，其中 KZF24.5/65 型采油树无油管挂顶丝。

102. 注水井配水间流程分为哪几类？

配水间分为多井配水间和单井配水间。单井配水间适用于行列注水井网，其只控制和调节一口井的注水量，配水间与井口在同一井场，管损小，控制注水量和测试调控准确。多井配水间适用于面积注水井网，其可控制和调节两口井以上的注水量，调控水量方便，但管损较大，测试调整不方便，而且井口必须装有油压表。

103. 注水井在什么情况下要冲洗地面管线？

（1）新投注或长期停注又开始使用的注水管线；（2）注水井井口取样后，水质不符合标准；（3）注水站误将不合格水排入注水管线；（4）管损大，完不成配注。

104. 注水井洗井的目的是什么？

清洁注水井井底和井筒，把井底和井筒内的腐蚀物、杂质等沉淀物冲洗出来，防止脏物堵塞水嘴和油层，保证注入水注入畅通无阻。

105. 注水井什么情况下需要洗井？

（1）正常注水的井达到洗井周期要进行洗井；（2）正常注水井停注超过24h以上要进行洗井；（3）新投注的井或动井下管柱的井要进行洗井；（4）注入大量不合格水的井要进行洗井；（5）地层吸水能力明显下降的井要进行洗井；（6）测试遇阻的井要进行洗井。

106. 注水井洗井有哪两种方式？

注水井洗井方式分为正洗和反洗两种。洗井液从油管进入，从油管、套管环形空间返出的洗井方式称为正洗井。洗井液从油管、套管环形空间进入，从油管返出的洗井方式称为反洗井。

107. 注水井分层测试的目的和作用是什么？

注水井分层测试，是通过测试了解分层注水量，从而确定层段的吸水能力，合理对层段配水，求得纵向上吸水剖面相对均衡，最大限度发挥各类油层的作用，达到最佳驱油开采效果。

108. 注水井测定启动压力的方法是什么？

用降压法测定注水井启动压力。当用流量计测定时，测出流量计瞬时流量归零时的压力；当用水表测定时，测出水表停止时的压力。

109. 注水井什么情况下需要测注水指示曲线？

（1）新转注井在转注后3天内测一次，当年内每月测一次；（2）正常注水井每季度测一次；（3）注水误差超过±20%，吸水发生变化，应随时测吸水指示曲线；（4）套损区内正常注水井每月测一次；（5）井下技术状况有问题的注水井每月测一次。

110. 注水井注够水、注好水的标准是什么？

注够水是指在注水压力等条件正常的情况下，首先要完成配注计划，即实际注水量不超过配注方案的±20%；注好水指在注够水的基础上，尽量提高分层注水合格率，即高质量的注水。

111. 注水井管理要把好的"两个关"，要做到的"三个及时""五个了解"的内容是什么？

两个关：把好注入水质关；把好平稳操作、平稳注水关。

三个及时：及时取全取准资料；及时分析；及时调整。

五个了解：了解注水井工艺流程；了解注水井井下管柱情况；了解注水井保护封隔器的工作原理和性能；了解保护封隔器不密封的危害；了解注水井井况异常的特点。

112. 注水井管理要做到的"四个提高""四不放过"的内容是什么？

四个提高：提高测试质量；提高注水合格率；提高封隔

器使用寿命；提高施工作业水平。

四不放过：对注水量变化大而原因不清不放过；对注水压力突然变化不放过；对套压变化不放过；对注水井异常响声不放过。

113. 注水井管理要做到的"三定、五率、一平衡"的内容是什么？

三定：定性、定压、定量。定性是指注水井是平衡井还是加强井，注水层位是加强层、平衡层还是控制层；定压是指根据分层测试结果确定注水压力范围，并在单井上定出注水的上、下限压力点，每一压力点对应相应的注水量；定量是指根据注水井配水方案、分层测试的结果，确定注水量的范围。

五率：利用率、开井时率、分层注水井的测试率、测试合格率、分层注水合格率。

一平衡：以阶段注水为基础的年度地下注采平衡。

114. 三次采油的主要技术有哪些？

有热力采油技术、气体混相驱采油技术、化学驱采油技术和其他采油技术。其他采油技术主要包括微生物驱油、超声波法驱油、电磁法驱油等。

115. 聚合物驱油分为哪几个阶段？

（1）水驱空白阶段；（2）聚合物注入阶段；（3）后续水驱阶段。

116. 注聚合物对注入井的最高注入压力有什么要求？

聚合物注入井在注聚合物过程中，注入聚合物溶液的最高压力不应超过油层的破裂压力。

117. 聚合物驱油能使原油产量提高的原因是什么？

聚合物溶液注入油层后，增加了注入水的黏度，控制了注入层段中的水、油流度比，增加了油层的渗流阻力，较好地扩大了油层的波及体积，增加了油层可采储量，最终提高油井产量，提高油藏的采收率。

118. 聚合物驱油后的动态变化特点是什么？

(1) 注入聚合物后，注入能力下降，注入压力上升；(2) 油井含水大幅度下降，产油量明显增大，产液能力下降；(3) 采出液含聚合物浓度逐渐增大；(4) 改善了吸水、产液剖面，增加了吸水及新的出油厚度；(5) 聚合物驱油见效的时间与聚合物突破时间存在一定的差距；(6) 油井见效后，含水下降到最低点时的稳定时间不同。

119. 聚合物对抽油机井生产有哪些影响？

随着采出液中聚合物浓度的增大，抽油机的负荷增大，载荷利用率增加；示功图明显肥大，泵效降低；杆管偏磨严重，检泵周期缩短。

120. 计量间流程由哪几部分组成？

由集油流程、单井油气计量流程、掺水流程和热洗流程组成。

121. 计量间常用的计量分离器主要有哪几种类型？技术规范参数是什么？

各种类型计量间常用两种类型的计量分离器：立式计量分离器、立卧结合（复合）式计量分离器。计量分离器技术规范参数主要有设计压力（MPa）、最高允许工作压力（MPa）、最大流量（m^3/d）、分离器直径（mm）、容积（m^3）、适用量油高度（cm）、测气能力（m^3/d）。

122. 计量间立式计量油气分离器的工作原理是什么？

当油、气、水混合物进入分离器后，通过旋流器的分散作用而散开，使溶于油中的天然气分离出来，向上通过上分离伞与罐壁之间的间隙上行,再经过分离器上部的捕雾网后,通过分离器上部气平衡管线进入回油管线。捕雾网捕获的油滴经上分离伞与罐体之间的间隙下落,进入分离器下部;油、水靠自重下落,沿下分离伞与罐壁周围间隙进入分离器下部。计量结束后分离器下部的油、水经排油阀排出分离器。

123. 计量间分离器为什么需要进行冲砂?

生产一段时间后,地层出砂以及施工中脏物进入管线,在量油时进入分离器内,并沉积在底部,造成量油液面上升缓慢、计量不准,不能真实地反映油井产量,因此需要对分离器进行冲砂。

124. 计量间玻璃管计量分离器量油的原理是什么?

玻璃管计量分离器量油是根据连通管平衡的原理,采用定容积计算的方法。因为分离器内液柱压力与玻璃管液位计内的水压力相平衡,所以分离器液柱上升到一定高度,液位计玻璃管内水柱相应上升一定高度。在计量时记录水柱上升高度所需时间,根据分离器规格相对应的常数计算出单井产液量。

125. 磁浮子液位计的工作原理是什么?

磁浮子液位计与被测容器构成连通器,利用浮力原理和磁耦合,磁浮子随被测介质液面的变化上下移动,浮子内置永磁磁组与显示器的磁柱之间产生磁性耦合作用,吸引外部显示器磁柱的翻转,从而现场显示器可清晰地指示出液位的高度。

126. 磁浮子液位计的优点有哪些?

磁浮子式液位计显示直观醒目、不需电源,安装方便可靠;配合磁控液位计使用,可就地数字显示,或输出

4～20mA 的标准远传电信号，以配合记录仪表，或工业过程控制的需要，实现液位检测数据远传通信功能，便于液位远程控制及监控报警；远传磁浮子液位计取压管路较短，结构紧凑、附件少，有效降低了人员的维护量。

127. 磁浮子液位计中磁浮子卡死的故障原因是什么？

液位计长期工作，由于浮筒中固体杂质随磁翻板和浮子强磁场的作用，逐渐在密闭管道中凝结、吸附，导致浮子卡死，使现场液位测量出现固定值，无法进行液位检测。

128. 数字化管理的概念是什么？

数字化管理是指利用计算机、通信、网络、人工智能等技术，量化管理对象与管理行为，实现计划、组织、协调、服务、创新等职能的管理活动和管理方法的总称。

129. 数字化设备之间常用的通信信号有哪几种？各代表什么意思？

（1）模拟输入 AI（ANALOGUE INPUT）：0～10V 或 4～20mA 的连续信号，表示温度、湿度、压力、流量、电流等。

（2）数字输入 DI（DIGITAL INPUT）：各类开关信号和脉冲信号。

（3）模拟输出 AO（ANALOGUE OUTPUT）：0～10V 或 4～20mA 的连续信号。

（4）数字输出 DO（DIGITAL OUTPUT）：各类开关信号和脉冲信号。

（5）脉冲量输入 PI（PULSE INPUT）：5～24V 脉冲信号输入。

（6）脉冲量输出 PO（PULSE OUTPUT）：0～5V 脉冲信号输出。

（7）电阻信号 RTD（Resistance Temperature）：电阻值

130. 压力变送器具有哪些保护功能？

（1）输入过载保护；（2）输出过流限制保护；（3）输出电流长时间短路保护；（4）两线制端口瞬态感应雷与浪涌电流TVS抑制保护；（5）工作电源过压极限保护≤35V；（6）工作电源反接保护。

131. 压力变送器按照传感器类型可分为哪几种？

（1）应变式变送器；（2）压电式变送器；（3）压阻式变送器；（4）电阻、电感式变送器；（5）电容式变送器。

132. 压力变送器的工作原理是什么？

工作状态下被测介质通入压力变送器的压力室，作用于敏感元件的隔离膜片，通过隔离膜片和元件内的填充液传递到传感膜片。传感膜片与两侧绝缘片上的电极各组成一个电容器。当两侧压力不一致时，致使测量膜片产生位移，其位移量和压力差成正比，因此两侧电容量就不等，通过振荡和解调环节，转换成与压力成正比的电流、电压或数字信号。

133. 压力变送器在使用过程中的注意事项有哪些？

压力变送器应尽量安装在温度梯度和温度波动小的地方，应尽量避免振动和冲击；腐蚀性的或过热的介质不应与变送器直接接触；防止固体颗粒或黏度很大的介质在引压管内沉积；引压管应尽可能短些。

134. 压力变送器工作时读数不稳定应检查哪些内容？

检查隔离膜片是否变形或蚀坑；导压管、变送器有无泄漏或堵塞；是否有外界干扰，应避开干扰源，重新配线并接地；管道是否存在杂物，形成流体扰动；检查感压膜头表面是否损伤；检查测量系统确定压力线路是否有故障设备。

135. 压力变送器工作时输出信号为"零"应检查哪些内容?

检查管道内是否存在压力;检查电源极性是否接反;检查仪表供电是否正常;检验信号端子是否接通电源;检查开放式二极管是否与测试端子交叉。

136. 温度变送器可分为哪几类?

(1) 温度变送器按测温原件可分为热电偶变送器和热电阻变送器。

(2) 温度变送器按输出可分为电动温度变送器和启动温度变送器。

137. 温度变送器无法采集数据的主要原因有哪些?

(1) 瞬间电流大、雷击造成电路板烧坏,需更换电路板。

(2) 表内进水,导致表内锈蚀,变送器不能正常工作,需加强表体的密封。

(3) 变送器电路板(即膜盒)老化,导致示值漂移,测温产生过大偏差,需更换电路板。

138. 流量检测传感器组成部分有哪些?各部分的作用是什么?

由机械部分、数据采集部分和数据传输部分组成。

(1) 机械部分:流量计机械部分通常为一个密封的腔体,通过计算单位时间内流过腔体的流体质量或体积等,进行流量计量。

(2) 数据采集部分:机械部分通过转轴等连接装置与数据采集部分进行连接,数据采集部分通过连接轴传输的转速等信号进行电信号转换和采集处理,实现流量数据的采集。

(3) 数据传输部分:油田流量计目前采用脉冲信号和RS-485信号,将流量数据传输至上位机。

139. 数字化抽油机智能控制系统的主要功能有哪些？

（1）系统具备工频和变频两套系统。

（2）系统具备工频、变频无缝切换功能。

（3）系统具备载荷、位移及电流的采集功能。

（4）系统具备数据的有线/无线传输功能。

（5）冲次的手动/自动调节功能。

（6）平衡度的手动/自动调节功能。

140. 注水井远程调配技术是指什么？

注水井远程调配技术根据配注量自动计算瞬时流量，并与实际流量进行对比，自动调节注水量大小，进而实现稳定注水，配注量可以通过站控系统进行远程设置。

HSE 知识

1. HSE 管理体系是指什么？

健康（Health）、安全（Safety）、环境（Environment）用英文第一个大写字母表示，缩写为 HSE，健康、安全与环境管理体系简称 HSE 管理体系。

2. HSE 管理体系的理念和指导思想是什么？

（1）以人为本；（2）任何事故都是可以避免的，如果能够预先知道可能会发生某种特定危害，那么就能够通过管理措施、专用技术或设备等手段避免事故，设法使人、财产、环境免受损害，即对风险进行控制；（3）预防为主；（4）持续改进；（5）效益最大化，损失最小化。

3. 违章作业是指什么？

违章作业是指职工在劳动过程中违反劳动安全卫生法规、

标准、规章制度、操作规程,盲目蛮干,冒险作业的行为。

4. 事故隐患是指什么?

事故隐患是指生产区域、工作场所中存在可能导致人身伤亡、财产损失或造成重大社会影响的设备、装置、设施、生产系统等方面的缺陷和问题。

5. 采油工的岗位安全职责是什么?

(1) 掌握本岗位存在的危险因素和防范措施;(2) 严格执行安全生产规章制度和岗位操作规程,遵守劳动纪律;(3) 熟练掌握岗位安全操作技能和故障排除方法,按规定巡回检查,及时发现和排除隐患,自己不能处理的问题要及时上报;(4) 有权制止、纠正他人的不安全行为,有权拒绝执行违章作业的指令并可越级汇报;(5) 上岗时应按规定穿戴劳动保护用品,做到"一戴、两系、三紧",正确维护和保养安全防护装置及设施,保持其完好、齐全、灵活有效;(6) 积极参加各项安全生产活动,学习掌握消防设备的使用,在生产工作中应同岗位其他成员一起协同配合,搞好安全生产。

6. 安全用电的注意事项有哪些?

(1) 手潮湿(有水或出汗)不能接触带电设备和电源线;(2) 各种电气设备,如电动机、启动器、变压器等金属外壳必须有接地线;(3) 电路开关一定要安装在火线上;(4) 在接、换熔断丝时,应切断电源,熔断丝要根据电路中的电流大小选用,不能用其他金属代替熔断丝;(5) 正确地选用电线,根据电流的大小确定导线的规格及型号;(6) 人体不要直接与通电设备接触,应用装有绝缘柄的工具(绝缘手柄的夹钳等)操作电气设备;(7) 电气设备发生火灾时,应立即切断电源,并用二氧化碳或干粉灭火器灭火，切不可用水或泡沫灭火器灭火；(8) 高大建筑物必须安装避雷器，如发现温升过高，绝缘下降时，应及时查明原因，消除故障；(9) 发现架空电线破断、落地时，人员要离开电线地点 8m 以外，要有专人看守，并迅速组织抢修。

7. 安全电压是指什么？

安全电压是指人体不穿戴任何防护设备时，触及带电体不受电击或电伤的电压。我国规定 42V、36V、24V、12V、6V 为安全电压。当电气设备采用的电压超过安全电压时，必须按规定采取防止直接接触带电体的保护措施。应根据作业场所、操作条件、使用方式、供电方式、线路状况等因素选用不同安全电压。例如，特别危险环境中使用的手持电动工具应采用 42V 特低电压；有电击危险环境中使用的手持照明灯和局部照明灯应采用 36V 或 24V 特低电压；金属容器内、特别潮湿处等特别危险环境中使用的手持照明灯应采用 12V 特低电压；水下作业等场所应采用 6V 特低电压。另外，安全电流为 10mA，致命电流为 50mA。

8. 电气设备引起火灾的原因有哪些？

(1) 短路；(2) 过负荷；(3) 接触电阻热；(4) 电火花和电弧；(5) 照明灯具、电热元件、电热工具的表面热；(6) 过电压；(7) 涡流热。

9. 人身触电发生时应该怎么办？

(1) 当发现有人触电时，应先断开电源；(2) 在未切断电源时，为争取时间可用干燥的木棒、绝缘物拨开电线或站在干燥木板上或穿绝缘鞋用一只手去拉触电者，使之脱离电源，然后进行抢救，人在高处应防止脱电后落地摔伤；(3) 触电后昏迷但仍有呼吸的伤者应抬到温暖、空气流通的地方休息，如呼吸困难或停止，应立即进行人工呼吸。

10. 低压试电笔验电时的注意事项有哪些？

（1）使用前，先检查试电笔内部有无柱形电阻（特别是新领来的或长期未使用的试电笔更应检查），若无电阻，严禁使用；（2）一般用右手握住电笔，左手背在背后或插在衣裤口袋中；（3）人体的任何部位切勿触及与笔尖相连的金属部分；（4）防止笔尖同时搭在两线上；（5）验电前，先将试电笔在确实有电处试测，只有氖管发光才可使用；（6）在明亮光线下不容易看清氖管是否发光，应注意避光。

11. 计量间为什么要安装防爆灯？

当计量间的油阀组或分离器发生泄漏时，会造成室内空气中具有一定浓度的可燃气体。为了防止因开关灯、灯泡破裂、放电式打火等原因引发着火或爆炸事故，计量间必须安装防爆灯。

12. 计量间内部操作为什么要注意通风？

计量间内容器、管线可能存在有毒和可燃气体的泄漏、聚集，极易对人员造成伤害或发生爆炸事故。

13. 计量间内部油、气泄漏如何处理？

（1）将人员疏散到安全区域；（2）打开计量间门窗通风；（3）检测计量间内气体情况；（4）组织维修人员进行抢修。

14. 计量间安全阀校验有什么要求？

安全阀定期校验每年至少一次，安全阀整定压力必须低于容器设计压力。

15. 油井（计量间）发生火灾的防范措施有哪些？

（1）严格执行作业许可规定，有效落实相应安全措施；（2）杜绝管线、容器漏气，室内要有通风孔；（3）油井、计量间要达到"三清、四无、五不漏";(4) 电源线排列整齐、绝缘好,室内要用防爆灯、防爆开关;(5) 井场、计量间内严禁存放易燃易爆物品,严禁吸烟和违章使用明火。

16. 计量间常见的消防应急设备有哪些?

(1) 消防器材:主要有灭火器、消防砂、消防锹、消防钩、消防桶、灭火毯;

(2) 监测仪器:可燃气体检测器;

(3) 照明设备:防爆手电、应急灯。

17. 火灾扑救的原则是什么?

(1) 报警早,损失少;(2) 边报警,边扑救;(3) 先控制,后灭火;(4) 先救人,后救物;(5) 防中毒,防窒息;(6) 听指挥,莫惊慌。

18. 油、气、电着火如何处理?

(1) 切断油、气、电源,放掉容器内压力,隔离或搬走易燃物;(2) 刚起火或小面积着火,在人身安全得到保证的情况下要迅速灭火,可用灭火器、湿毛毡、棉衣等灭火,若不能及时灭火,要控制火势,阻止火势向油、气方向蔓延;(3) 大面积着火,或火势较猛,应立即报火警;(4) 油池着火,勿用水灭火;(5) 电器着火,在没切断电源时,只能用二氧化碳、干粉等灭火器灭火。

19. 压力容器泄漏、着火、爆炸的原因及消减措施是什么?

压力容器泄漏、着火、爆炸的原因:(1) 压力容器有裂缝、穿孔现象;(2) 窗口超压;(3) 安全附件、工艺附件失灵或与容器结合处渗漏;(4) 工艺流程切换失误;(5) 容器周围有明火;(6) 周围电路有阻值偏大或短路等故障发生;(7) 雷击起火;(8) 有违章操作(如使用非防爆手电,使用非防静电劳保服装等)现象。

消减措施：(1) 压力容器应有使用登记和检验合格证；(2) 加强管理，消除一切火种；(3) 按压力容器操作规程进行操作；(4) 对压力容器定期进行检查和检验并有检验报告；(5) 工艺切换严格执行相关操作规程；(6) 严格执行巡回检查制度；(7) 装好防雷设施，定期测量接地电阻；(8) 定期检验、校验和检查安全附件。

20. 报火警电话如何正确拨打？

发现火灾迅速拨打火警电话119，报警时要讲清楚详细地址、起火部位、着火性质、火势大小、报警人姓名及电话号码，并派人到路口迎候消防车。

21. 油井电动机接线盒为什么要做防水处理？

防止接线盒两个端面的结合处进水（雪）造成线路短路而烧毁电器，严重时会导致电动机或配电箱带电，对人员造成伤害。

22. 电动机外壳接地有什么作用？

电动机外壳与大地可靠地连接起来，称为保护性接地。当电动机线圈绝缘层损坏发生漏电时，电流就从接地线流入大地，人触及带电的电动机时，人的身体几乎没有电流通过，从而保证了人身安全。

23. 高处作业基本要求有哪些？

（1）高处作业人员及搭设脚手架等高处作业安全设施的人员，应经过专业技术培训及专业考试合格，持证上岗，并应定期进行健康体检，不得安排患有心脏病、高血压等职业禁忌征，以及年老体弱、疲劳过度、视力不佳等人员从事高处作业。

（2）坠落防护应通过采取消除坠落危害、坠落预防和坠落控制等措施来实现，否则不得进行高处作业。

（3）在不具备安全带系挂条件时，应增设生命绳、安全绳自锁器等安全措施。

（4）安全带的质量标准和检验周期，应符合 GB 6095—2021《坠落防护 安全带》的规定。

（5）高处作业中使用的安全标志、工具、仪表、电气设施和各种设备，应在作业前加以检查，确认完好后方可投入使用。

（6）高处作业人员应根据作业的实际情况配备相应的高处作业安全防护用品，并应按规定正确佩戴和使用相应的安全防护用品、用具。

（7）严禁在 6 级及以上大风和雷电、暴雨、大雾、异常高温或低温等环境条件下进行室外高处作业，在 30～40℃高温环境下的高处作业应进行轮换作业。

（8）雨天和雪天进行高处作业时，应采取可靠的防滑、防寒和防冻措施，水、冰、霜、雪均应及时清除。

（9）雨雪天气后，应重新对高处作业安全设施进行检查，当发现有松动、变形、损坏或脱落等现象时，应立即修理完善，维修合格后方可使用。

（10）对需临时拆除或变动的安全防护设施，应采取可靠措施，作业后应立即恢复。

（11）30m 以上高处作业应配备通信联络工具。

24. 安全带使用的注意事项有哪些？

（1）安全带通常使用期限为 3～5 年，发现异常应提前报废；（2）一般安全带使用 2 年后，按批量购入情况应抽检一次；（3）安全带应高挂低用，注意防止摆动碰撞，使用 3m 以上的长绳时应加装缓冲器、自锁钩，用吊绳例外；（4）缓冲器、速差式装置和自锁钩可以串联使用；（5）不准将绳打结使用,也不准将钩直接挂在安全绳上使用,应挂在连接环上使用;(6)安全带上的各种部件不得任意拆卸,更换新绳时应注意加装绳套。

25.采油岗位发生机械伤害的原因及消减措施有哪些?

机械伤害的原因:(1)未正确穿戴劳保用品;(2)违章操作造成的人身伤害;(3)转动部分无保护装置或保护装置不合格;(4)由于设备零部件松动,造成人身伤害;(5)无安全标志。

消减措施:(1)按要求正确使用劳保用品;(2)对员工进行岗位培训,加强员工自我保护意识;(3)完善设备的保护装置和安全设施;(4)加强设备的维护保养,定期巡护检查。

第三部分 基本技能

 操作技能

1. 填写油井班报表操作

准备工作：

（1）正确穿戴劳动保护用品。

（2）工具、用具、材料准备：油井基础数据，当日生产动态数据，计算器1个，油井班报表，记录纸，记录笔。

操作程序：

（1）填写表头内容：班别、计量间号、分离器直径、日期。

（2）填写井号、井别。

（3）填写生产时间：正常为24h；未全日生产时根据实际情况填写并备注。

（4）填写油嘴规格（电泵井）。

（5）填写油压值、套压值、回压值。

（6）填写工作电流（电泵井还需填写工作电压）。

（7）填写掺水压力、掺水温度、回油温度。

（8）填写产液量：如当日不量油，生产无其他调整，则按照前日生产数据填写产液量；如当日量油，则应依次计算、填写以下数据：①量油井号、量油高度（如为其他量油方式无须记录此项）、三次量油时间及平均时间；②该井当日产液量；③如当日非全日生产，要根据生产情况相应扣产，并备注。

（9）填写当日的生产情况备注。

（10）检查，签名，提交地质组审核、签名。

（11）收拾工具，清理现场。

2. 取油井油样操作

准备工作：

（1）正确穿戴劳动保护用品。

（2）工具、用具、材料准备：取样桶1个，放空桶1个，200mm活动扳手或取样专用扳手1把，擦布若干。

操作程序：

（1）核实取样井号。

（2）检查井口流程正常，零部件及仪表齐全好用，设备无刺漏现象。

（3）关闭井口掺水阀门10~15min。

（4）缓慢打开取样阀门，将死油放入放空桶内，放至见新鲜油流出后关闭取样阀门。

（5）缓慢打开取样阀门，将油样放入取样桶内，分三次将油样取入样桶内，每次间隔1~2min，油样取至样桶的1/2~2/3，关闭取样阀门。

（6）盖严取样桶盖，擦净取样桶及井口取样部位，填写好井号及取样日期。

（7）打开掺水阀门，冲管线，调整掺水阀至合适位置（控制回油温度在35~38℃，特殊井特殊对待）。

(8) 收拾工具，清理现场。

操作安全提示：

(1) 取样时，人员站在上风口操作，防止发生油气中毒。

(2) 开关取样阀门应缓慢平稳操作。

3. 巡回检查游梁式抽油机井操作

准备工作：

(1) 正确穿戴劳动保护用品。

(2) 工具、用具、材料准备：校验合格的压力表1块，F形扳手1把，300mm活动扳手1把，电流表1块，低压试电笔1支，绝缘手套1副，擦布若干，记录本，记录笔。

操作程序：

(1) 检查井口各阀门开关状态是否处于正常位置，设备有无缺损、松动、渗漏现象。

(2) 录取井口油压、套压，压力值要在压力表量程的1/3～2/3，检查压力值是否在合理范围内。

(3) 听井口有无刮、碰声音，判断出液声是否正常。

(4) 冲洗掺水管线，控制回油温度在35～38℃（特殊井特殊对待）。

(5) 检查并调整密封盒压盖松紧度，光杆应不发热、不漏气、不带油。

(6) 检查悬绳器是否偏斜，钢丝绳有无拔脱、断丝现象。

(7) 检查驴头、光杆对中情况是否合格，驴头销子有无窜出现象。

(8) 检查各部位轴承有无缺油、渗油现象，听运转声音是否正常。

(9) 检查曲柄、曲柄销子、平衡块有无磨损、松动、刮碰现象。

（10）检查减速箱输入轴、输出轴、合箱缝有无漏油现象，油位是否在看窗的 1/3～2/3，听运转声音是否正常。

（11）检查皮带轮有无破损、松动现象，"四点一线"是否符合要求；皮带松紧度是否合适，有无打滑及跳动现象。

（12）检查各连接部位固定螺栓有无松动现象，固定螺栓开口销或止退螺母是否齐全完好。

（13）检查刹车是否灵活好用，刹车行程是否在 1/2～2/3。

（14）检查电动机、配电箱等电气设备是否完好，接线是否牢固；检查电动机运转声音、温度是否正常，接线盒防雨措施是否完善。

（15）测量电流，检查抽油机平衡状况是否合格。

（16）检查抽油机基础有无振动，底座基础垫铁是否紧固牢靠。

（17）检查井场是否平整，有无油污、杂草，埋地管线有无裸露、渗漏现象。

（18）收拾工具，清理现场。

操作安全提示：

（1）检查过程中人员与抽油机要保持 0.8m 以上的安全距离。

（2）开启配电箱前，用试电笔在无漆金属部位验电。

（3）抽油机运转时，严禁攀爬检查、处理故障。

4. 启、停游梁式抽油机操作

准备工作：

（1）正确穿戴劳动保护用品。

（2）工具、用具、材料准备：F 形扳手 1 把，300mm 活动扳手 1 把，低压试电笔 1 支，绝缘手套 1 副，擦布若干，记录纸，记录笔。

操作程序：

(1) 启动前检查：

① 检查井口流程是否正常，零部件及仪表是否齐全好用，设备有无刺漏现象。

② 检查驴头、光杆是否对中，光杆卡子是否牢固，悬绳器、毛辫子是否完好。

③ 检查四连杆机构、中尾轴、曲柄销及其他各部位螺栓是否紧固牢靠，轴承润滑是否良好。

④ 检查减速箱油位在看窗的 $1/3 \sim 2/3$。

⑤ 检查皮带松紧是否适度，皮带轮是否"四点一线"。

⑥ 检查刹车机构是否灵活可靠，行程是否合理，有无自锁现象。

⑦ 检查配电箱配件是否齐全，有无漏电现象；配电箱、电动机接地是否完好。

⑧ 检查抽油机周围有无障碍物。

(2) 松刹车。

(3) 盘皮带，检查有无卡阻现象。

(4) 合空气开关，点启抽油机。

(5) 启动后检查：

① 检查抽油机各连接部位有无松动情况。

② 听抽油机各运转部位有无异常声音（电动机运转是否正常、皮带运转是否正常、配电箱运转是否正常）。

③ 检查、调整密封盒压盖松紧适度。

④ 测量上、下冲程电流。

(6) 记录启机时间、油压、套压、电流值。

(7) 调整掺水量。

(8) 对配电箱验电，确认无漏电现象。

(9) 待曲柄运行至预停位置，按停止按钮，刹紧刹车，分开空气开关。

(10) 检查井口流程是否正常，调整掺水量（需要关井时关闭井口回油阀门）。

(11) 记录停机时间、油压、套压。

(12) 收拾工具，清理现场。

操作安全提示：

(1) 严禁戴手套盘皮带，严禁手抓皮带。

(2) 严禁不分空气开关操作，分、合空气开关需戴绝缘手套侧身操作。

(3) 禁止强制启动，应点启抽油机（按启动按钮，曲柄摆动，再按停止按钮，待曲柄摆至与启动方向一致时，再次按启动按钮）。

(4) 出砂井驴头停在上死点；气油比高、结蜡严重、稠油井驴头停在下死点；一般井驴头停在上冲程的 $1/3 \sim 1/2$。

(5) 长期关井时，需进行扫线。

5. 更换抽油机井光杆密封圈操作

准备工作：

(1) 正确穿戴劳动保护用品。

(2) 工具、用具、材料准备：规格合适密封圈 $3 \sim 5$ 个，F 形扳手 1 把，200mm 一字形螺钉旋具 1 把，专用卡具 1 把，美工刀 1 把，低压试电笔 1 支，绝缘手套 1 副，黄油、擦布若干。

操作程序：

(1) 对配电箱验电，确认无漏电现象。

(2) 将抽油机驴头停在接近下死点便于操作位置，刹紧刹车，分开空气开关。

(3) 对称关闭两侧胶皮阀门（或封井器），保证光杆处于密封盒中心位置。

(4) 缓慢卸松密封盒压盖，泄压，卸开压盖。

(5) 撬起格兰，将其与密封盒压盖一起上提，并用专用卡具固定牢靠。

(6) 逆时针方向取出旧密封圈。

(7) 顺时针方向切割新密封圈，切口平直，呈30°～45°，均匀涂抹黄油。

(8) 顺时针方向加入新密封圈，密封圈对正压平，上下两层切口错开120°～180°。

(9) 取下专用卡具，取下密封盒格兰、压盖，对正坐好格兰，紧密封盒压盖。

(10) 缓慢开一侧胶皮阀门（或缓慢开封井器）试压，不渗不漏后，将两侧胶皮阀门（或封井器）开至最大后返回半圈。

(11) 检查确认抽油机周围无障碍物，松刹车，合空气开关，利用惯性启机。

(12) 检查并调整密封填料盒压盖松紧度。

(13) 收拾工具，清理现场。

操作安全提示：

(1) 严禁不分空气开关操作，分、合空气开关需戴绝缘手套侧身操作。

(2) 严禁未关胶皮阀门（封井器）操作。

(3) 缓慢卸松密封盒压盖，待压力泄净后，方可进行下一步操作。

(4) 压盖、格兰在悬绳器上固定牢靠。

(5) 更换过程中严禁手握光杆、手握密封填料盒螺纹操作。

(6) 光杆上行时检查密封填料盒压盖松紧度。

6. 更换游梁式抽油机井电动机皮带操作

准备工作：

(1) 正确穿戴劳动保护用品。

(2) 规格型号相同的皮带1组。

(3) 工具、用具、材料准备：30～32mm梅花扳手1把，300mm活动扳手1把，200mm一字形螺钉旋具1把或自制合适铁棍1根，1000mm撬杠1根，低压试电笔1支，绝缘手套1副，黄油、擦布若干。

操作程序：

(1) 对配电箱验电，确认无漏电现象。

(2) 将抽油机驴头停在上死点，刹紧刹车，分开空气开关，松开刹车。

(3) 卸松电动机滑轨前、后顶丝。

(4) 卸松电动机滑轨固定螺栓。

(5) 用撬杠向前移动电动机，使皮带松弛。

(6) 先卸电动机轮皮带，再卸减速箱皮带轮皮带。

(7) 先装减速箱皮带轮皮带，再装电动机轮皮带。

(8) 用撬杠向后移动电动机。

(9) 紧固电动机滑轨顶丝，检查并调整皮带松紧度。

(10) 检查并调整皮带轮"四点一线"（从减速箱皮带轮与电动机轮边缘拉一条通过两轴中心的直线，两轮的四个边缘在一条直线上）。

(11) 对角紧固电动机滑轨固定螺栓。

(12) 检查确认抽油机周围无障碍物，合空气开关，点启动抽油机。

(13) 检查确认抽油机皮带运转正常。

(14) 收拾工具，清理现场。

操作安全提示：

(1) 严禁不分空气开关操作，分、合空气开关需戴绝缘手套侧身操作。

(2) 松刹车待平衡块停止摆动后，方可进行下一步操作。

(3) 严禁戴手套安装皮带，严禁手抓皮带。

(4) 上、下平台平稳操作。

7. 热洗抽油机井操作

准备工作：

(1) 正确穿戴劳动保护用品。

(2) 工具、用具、材料准备：F形扳手1把，电流表1块，低压试电笔1支，绝缘手套1副，擦布若干，记录纸，记录笔。

(3) 确认计量间流程及中转站热洗条件能够满足热洗要求。

操作程序：

(1) 检查井口流程正常，零部件及仪表齐全好用，设备无刺漏现象。

(2) 录取并记录油压、套压，套压值需低于热洗压力$0.3 \sim 0.5$MPa。

(3) 测量并记录抽油机上、下冲程电流值。

(4) 打开井口直通阀门，冲洗地面管线，关闭井口掺水阀。

(5) 待地面循环畅通，井口温度达到75℃时，打开热洗阀门，关闭井口直通阀门和套管放气阀门。

(6) 根据洗井质量标准控制排量（压力）、温度、热洗时间。

（7）观察热洗出口回油温度在 60 ℃以上，并稳定 60min，测量抽油机上、下冲程电流，录取套压。

（8）初步判断洗井质量合格后，与中转站联系停泵。

（9）关闭热洗阀门，打开套管放气阀门。

（10）打开掺水阀，调节掺水量。

（11）收拾工具，清理现场。

操作安全提示：

（1）洗井初期进水量过大，蜡块化落堆积易造成卡杆。

（2）热洗过程中，停机（停电或突发故障）蜡块堆积易造成卡泵。

（3）洗井不通时，将活塞提出泵筒，停机洗井。

（4）使用 F 形扳手时开口向外，开关阀门侧身、缓慢、平稳操作，严禁手臂超过丝杠。

8. 抽油机井憋压操作

准备工作：

（1）正确穿戴劳动保护用品。

（2）工具、用具、材料准备：F 形扳手 1 把，200mm 活动扳手 1 把，校验合格 6.0MPa 压力表 1 块，秒表 1 块，压力表垫 1 个，绝缘手套 1 副，低压试电笔 1 支，绘图工具 1 套，米格纸 1 张，擦布若干，记录纸，记录笔。

操作程序：

（1）检查井口流程正常，零部件及仪表齐全好用，设备无刺漏现象。

（2）更换压力表。

（3）关闭掺水阀。

（4）关闭回压阀门，观察压力值，记录压力随时间的变化值。

(5) 当油压上升至 3.0MPa 左右，停机，刹紧刹车，分开空气开关。

(6) 观察压降 10～15min，每间隔 1min 记 1 次压力数值。

(7) 打开回压阀门。

(8) 待压力下降稳定后，关闭回压阀门，观察油井是否有自喷能力。

(9) 打开回压阀门，打开掺水阀。

(10) 检查确认抽油机周围无障碍物，松刹车，合空气开关，启机。

(11) 调节掺水量。

(12) 换回原压力表。

(13) 绘制憋压曲线：

① 在米格纸正上方中间位置填写图头：×××抽油机井憋压曲线。

② 确定好绘图布局，画坐标轴。

③ 纵坐标：注明压力及单位（MPa），在坐标轴上均匀标明各点压力值。

④ 横坐标：注明时间及单位（min），在坐标轴上均匀标明各点时间值。

⑤ 根据压力与时间对应数值，在图纸上依次标点。

⑥ 连接各点，所得曲线为该井憋压曲线。

⑦ 在曲线右上角注明抽压情况（原油压值、抽压次数、停抽时最高压力值等）。

(14) 收拾工具，清理现场。

操作安全提示：

(1) 关闭控制阀门后，方可拆卸压力表；卸表过程中注意泄压；拆装压力表，严禁手扳表头。

（2）使用 F 形扳手时开口向外，开关阀门侧身、缓慢、平稳操作，严禁手臂超过丝杠。

（3）憋压过程中，压力值禁止超过 3.5MPa。

（4）严禁不分空气开关操作，分、合空气开关需戴绝缘手套侧身操作。

9. 调整抽油机井防冲距操作

准备工作：

（1）正确穿戴劳动保护用品。

（2）工具、用具、材料准备：375mm 活动扳手 1 把，36mm 套筒扳手 1 把（加力杠 1 根），规格合适的光杆卡子 1 副，2m 钢卷尺 1 把，300mm 平板锉刀 1 把，低压试电笔 1 支，绝缘手套 1 副，记号笔 1 支，砂纸 1 张，擦布若干。

操作程序：

（1）根据实际情况确定需要调整的防冲距数值（以调大防冲距为例）。

（2）对配电箱验电，确认无漏电现象。

（3）将抽油机驴头停在接近下死点位置，刹紧刹车，分开空气开关。

（4）在密封盒上方打紧光杆卡子。

（5）松刹车，合空气开关，启机，卸掉载荷，停机，刹紧刹车，分开空气开关。

（6）测量调整距离，将预调位置污垢清除，做好标记。

（7）卸松方卡子，将其下落至标记位置并紧固。

（8）缓慢松刹车，使驴头加载荷，刹紧刹车。

（9）卸掉密封盒上方的光杆卡子。

（10）清除光杆表面毛刺。

（11）检查确认抽油机周围无障碍物，松刹车，合空气开关，利用惯性启抽。

（12）检查调整效果，应不刮不碰。

（13）收拾工具，清理现场。

操作安全提示：

（1）严禁不分空气开关操作，分、合空气开关需戴绝缘手套侧身操作。

（2）操作时严禁手抓光杆。

（3）光杆卡子必须打紧。

（4）抽油机加载、卸载时要平稳操作。

10. 调整游梁式抽油机井曲柄平衡操作

准备工作：

（1）正确穿戴劳动保护用品。

（2）工具、用具、材料准备：平衡块固定螺栓专用固定扳手1把，锁块螺栓套筒扳手1把，375mm活动扳手1把，3.75kg大锤1把，专用工具1把，300mm钢板尺1把，电流表1块，低压试电笔1支，绝缘手套1副，计算器1个，石笔1支，黄油、擦布、砂纸若干，记录纸，记录笔。

操作程序：

（1）测量上、下冲程电流值，计算平衡率，判断调整方向，确定调整距离。

$$平衡率 = \frac{下电流}{上电流} \times 100\%, 85\% \leqslant 平衡率 \leqslant 100\%$$

（2）对配电箱验电，确认无漏电现象。

（3）将抽油机曲柄停在水平位置，刹紧刹车，分开空气开关，扣死刹车。

(4) 清理干净预调整方向曲柄平面，画出预调整距离。

(5) 卸掉锁块固定螺栓，取下锁块。

(6) 卸松平衡块固定螺栓备帽、固定螺栓。

(7) 将平衡块移动到预定位置。

(8) 安装锁块，上紧锁块固定螺栓。

(9) 上紧平衡块固定螺栓、备帽。

(10) 检查确认抽油机周围无障碍物，解除刹车安全装置，松刹车，合空气开关，利用惯性启机。

(11) 检查平衡块紧固情况，无刮碰、无松动现象。

(12) 待运转正常后，测电流，计算平衡率，检查调整效果（85%≤平衡率≤100%）。如平衡率不合格，应重新进行调整。

(13) 收拾工具，清理现场。

操作安全提示：

(1) 严禁不分空气开关操作，分、合空气开关需戴绝缘手套侧身操作。

(2) 停机时曲柄与水平位置的夹角不得超过±5°。

(3) 调整时平衡块前进方向严禁站人。

(4) 严禁戴手套使用大锤。

(5) 依照由低至高顺序松平衡块固定螺栓、由高至低顺序紧平衡块固定螺栓。

11. 调整游梁式抽油机井冲次操作

准备工作：

(1) 正确穿戴劳动保护用品。

(2) 工具、用具、材料准备：预调整的皮带轮1个，轴键1个，拔轮器及专用套筒扳手1套，450mm管钳1把，300mm、375mm活动扳手各1把，30～32mm梅花扳手 1 把，200mm 一字形螺钉旋具 1 把或自制合适铁棍 1 根，3.75kg 大锤 1 把，1000mm 撬杠 1 根，铜棒 1 根，0～150mm 游标卡尺 1 把，电流表 1 块，绝缘手套 1 副，低压试电笔 1 支，砂纸、黄油、擦布若干。

操作程序：

（1）对配电箱验电，确认无漏电现象。

（2）将抽油机驴头停在上死点，刹紧刹车，分开空气开关，松开刹车。

（3）卸松电动机滑轨前、后顶丝，卸松电动机滑轨固定螺栓，用撬杠向前移动电动机。

（4）卸下电动机轮皮带。

（5）卸下电动机轮备帽（锁紧压帽及锁片）。

（6）安装拔轮器，卸下原皮带轮。

（7）清理电动机轴和新皮带轮内孔，测量电动机轴与皮带轮孔间隙。

（8）安装新电动机轮，均匀敲击将皮带轮打到位后，上紧电动机轮备帽（锁片及锁紧压帽）。

（9）安装电动机轮皮带。

（10）用撬杠向后移动电动机，紧固电动机滑轨顶丝，检查并调整皮带松紧度、皮带轮"四点一线"，对角紧固电动机滑轨固定螺栓。

（11）检查确认抽油机周围无障碍物，合空气开关，点启抽油机。

（12）观察皮带的松紧是否合适，电动机轮有无摆动现象。

（13）核对调整后冲次是否符合要求。

（14）测量上、下冲程电流，检查平衡情况。

(15) 收拾工具，清理现场。

操作安全提示：

(1) 严禁不分空气开关操作，分、合空气开关需戴绝缘手套侧身操作。

(2) 严禁戴手套安装皮带，严禁手抓皮带。

(3) 安装皮带轮时要垫铜棒，禁止直接用大锤猛烈敲打皮带轮，防止皮带轮损坏。

(4) 使用拔轮器时对面禁止站人。

(5) 严禁戴手套使用大锤。

12. 调整游梁式抽油机井冲程操作

准备工作：

(1) 正确穿戴劳动保护用品。

(2) 工具、用具、材料准备：冕形螺母专用套筒扳手1把，0.75kg手锤、3.75kg大锤各1把，1200mm撬杠2根，铜棒1根，规格合适的光杆卡子1副，300mm、375mm活动扳手各1把，36mm套筒扳手1把（加力杠1根），300mm平锉刀1把，5t手拉葫芦1副，200mm手钳1把，200mm一字形螺钉旋具1把，2m钢卷尺1把，棕麻绳2根，钢丝绳套2根，电流表1块，绝缘手套1副，低压试电笔1支，排笔1支，红油漆、砂纸、黄油、擦布若干。

操作程序：

(1) 对配电箱验电，确认无漏电现象。

(2) 将抽油机驴头停在接近下死点位置，刹紧刹车，分开空气开关。

(3) 在密封盒上方打紧光杆卡子。

(4) 松刹车，合空气开关，启机，卸掉载荷，停机，刹紧刹车，分开空气开关，锁死刹车安全装置。

(5) 在横梁上悬挂钢丝绳套,将手拉葫芦上端钩挂在钢丝绳套上,下端钩挂在变速箱顶部吊环上,拉动手拉葫芦使其受力(以结构不平衡重为负值为例)。

(6) 拔出连杆与横梁固定螺栓上开口销,卸松固定螺栓。

(7) 卸掉曲柄销固定冕形螺母备帽及螺母,用铜棒顶住曲柄销的端头,用大锤击打使其松动。

(8) 将棕绳系在连杆下端向外拉销子,使曲柄销子脱出冲程孔。

(9) 用铜棒顶住衬套用大锤击打铜棒,把衬套打出冲程孔。

(10) 用同样方法将另一侧曲柄销及衬套取出。

(11) 清理预调冲程孔。

(12) 清洗、检查曲柄销子衬套有无磨损,如需要进行更换。

(13) 将衬套装入两侧预调冲程孔。

(14) 缓慢调整手拉葫芦,使销子对准曲柄孔中心推进,紧固冕形螺母并用大锤打紧,安装备帽,画防松线。

(15) 取下手拉葫芦和钢丝绳套,解开连杆下端的棕绳。

(16) 上紧连杆与横梁固定螺栓,安装开口销。

(17) 重新调整防冲距。

(18) 解除刹车安全装置,缓慢松刹车,使驴头加载荷,刹紧刹车。

(19) 卸掉密封盒上方的光杆卡子。

(20) 用锉刀或砂纸清除光杆表面毛刺。

(21) 检查确认抽油机周围无障碍物,松刹车,合空气开关,点启机。

(22) 检查防冲距是否合适,测电流检查平衡情况。

(23) 收拾工具，清理现场。

操作安全提示：

(1) 严禁不分空气开关操作，分、合空气开关需戴绝缘手套侧身操作。

(2) 操作时严禁手抓光杆。

(3) 光杆卡子必须打紧。

(4) 抽油机加载、卸载时要平稳操作。

(5) 严禁戴手套使用大锤。

(6) 高空操作必须系安全带。

13. 更换游梁式抽油机外抱式刹车蹄片操作

准备工作：

(1) 正确穿戴劳动保护用品。

(2) 规格一致的新刹车蹄片 1 副。

(3) 工具、用具、材料准备：300mm、375mm 活动扳手各 1 把，0.75kg 手锤 1 把，200mm 手钳 1 把，300mm 铜棒 1 根，低压试电笔 1 支，绝缘手套 1 副，擦布若干。

操作程序：

(1) 对配电箱验电，确认无漏电现象。

(2) 将抽油机驴头停在上死点位置，刹紧刹车，分开空气开关，松开刹车。

(3) 用手钳取下刹车摇臂与刹车拉杆接头穿销上的开口销，取下接头穿销，使刹车蹄片与刹车毂离开最大距离。

(4) 卸掉刹车摇臂与刹车拉杆的穿销，此时两刹车蹄片立即被弹簧弹开，取下刹车销、弹簧垫片等。

(5) 卸松刹车蹄轴即减速箱上的固定螺栓，摘掉两刹车蹄片。

(6) 将新刹车蹄片安装到蹄轴上，紧固定螺栓至松紧合适，使两刹车蹄片刚好能自由活动为宜。

（7）对正两刹车蹄片，穿好弹簧、刹车销及垫片，压紧，使刹车摇臂与刹车销孔对正，穿接头穿销，安装开口销。

（8）连接刹车纵拉杆与刹车摇臂，插入穿销，安装开口销。

（9）连接刹车横拉杆。

（10）试调刹车松紧度至合理位置，松刹车。

（11）检查确认抽油机周围无障碍物，合空气开关，点启抽油机。

（12）启停机 2～3 次，检测刹车效果，如行程不合适应进行调整。

（13）收拾工具，清理现场。

操作安全提示：

（1）严禁不分空气开关操作，分、合空气开关需戴绝缘手套侧身操作。

（2）松刹车，待抽油机停稳后方可进行下一步操作。

（3）高空操作必须系安全带。

（4）刹车片铆钉或固定螺母要低于蹄片平面 2～3mm。

（5）刹车行程在 1/2～2/3 为合适。

14. 游梁式抽油机一级保养操作

准备工作：

（1）正确穿戴劳动保护用品。

（2）工具、用具、材料准备：450mm 管钳 1 把，300mm、375mm、450mm 活动扳手各 1 把，电工工具 1 套，黄油枪 1 把，曲柄销套筒扳手 1 把，绝缘手套 1 副，低压试电笔 1 支，砂纸、洗油剂、黄油、擦布若干。

操作程序：

(1) 检查驴头中心与井口中心对中情况，如不合格应及时进行调整。

(2) 测电流，检查抽油机平衡情况，如不合格应及时进行调整。

(3) 对配电箱验电，确认无漏电现象。

(4) 将抽油机驴头停在上死点位置，刹紧刹车，分开空气开关。

(5) 检查毛辫子，有拔丝、断股现象应及时更换。

(6) 清除抽油机外部油污、泥土，旋转部位的警示标语要清楚醒目。

(7) 紧固减速箱、底座、中轴承、平衡块、电动机等固定螺栓，检查安全线无错位现象。

(8) 检查电动机、中轴、驴头顶丝应无缺损、顶紧。

(9) 加注尾轴承、中轴承、曲柄销子轴承、驴头固定销子、减速箱轴承等处黄油。

(10) 打开减速箱上盖，松开刹车，盘动皮带轮，检查齿轮啮合情况，刹紧刹车；检查减速箱油面及油质，不足时应补加，变质时要更换；清洗减速箱呼吸阀。

(11) 检查刹车是否灵活好用，必要时应进行调整，刹车片上不能有油污，刹车行程在 $1/2 \sim 2/3$，不在此范围内应进行调整。

(12) 检查皮带松紧度、皮带轮"四点一线"是否合格，如不合格应及时进行调整。

(13) 检查电气设备绝缘、接地是否良好，各触点接触是否完好（由专业电工完成）。

(14) 检查确认抽油机周围无障碍物，松刹车，合空气开关,点启机。

(15) 检查抽油机运转情况是否正常,有无异响、振动。

(16) 收拾工具,清理现场。

操作安全提示:

(1) 将驴头停止在上死点位置,刹紧刹车,断开电源,防止发生溜车等安全事故。

(2) 操作人员相互协调配合,并做好安全监护。

(3) 严禁不分空气开关操作,分、合空气开关需戴绝缘手套侧身操作。

(4) 高空作业时必须系安全带。

(5) 刹车行程在 1/2～2/3 为合适。

15. 游梁式抽油机二级保养操作

准备工作:

(1) 正确穿戴劳动保护用品。

(2) 工具、用具、材料准备:200mm、300mm、375mm 活动扳手各 1 把,黄油枪 1 把,水平尺 1 把,钢卷尺 1 把,铜棒 1 根,齐头扁锉 1 把,方卡子 1 副,中粗砂纸,拔轮器 1 套,机油壶 1 把,曲柄销套筒扳手 1 把,3.75kg 大锤 1 把,200mm 手钳 1 把,低压试电笔 1 支,绝缘手套 1 副,安全带 2 副,油漆、洗油剂、黄油、擦布若干。

操作程序:

(1) 停机:使用试电笔对配电箱验电,将抽油机停在上死点,刹紧刹车,分开空气开关。

(2) 检查刹车:检查刹车片的厚度是否均匀且是否达到制动要求,凸轮旋转是否自如;检查刹车蹄片的卡簧有无破损或断裂,刹车毂严重磨损应更换;检查刹车连杆螺栓紧固情况,刹车行程在 1/2～2/3。

(3) 检查校对底座水平：用水平尺测量抽油机底座不平度，横向水平度允许偏差≤0.5/1000mm，用水平尺在底座横向分前、中、后各测3个点；纵向水平度允许偏差≤3.0/1000mm，用水平尺在底座纵向分左、右各测两个点。斜铁点焊要牢固，所垫垫铁及斜铁总高度不超过50mm；垫铁放在底部，斜铁放在上部，斜铁与底座下平面接触面大于80%。二次检测水平必须达到要求，地脚螺栓必须有备帽。

(4) 检查减速箱：卸掉减速箱检查孔盖螺栓，检查减速箱油质是否符合要求，盘动皮带，观察箱内齿轮有无严重磨损、剥伤和裂纹，中间轴左右旋齿有无松动现象；检查轴承有无严重磨损，密封圈垫有无损坏；检查呼吸阀是否畅通。

(5) 检查曲柄、连杆：检查曲柄销内黄油是否加足，油质是否合格；检查轴承磨损情况；检查冕形螺母是否有松动现象；检查连杆上下部位固定螺栓是否松动；检查两连杆长度，5型机连杆长度误差＜2.5mm，10型机连杆长度误差＜3.0mm，12型机连杆长度误差＜3.5mm。

(6) 检查中轴、尾轴、游梁：检查中尾轴润滑状况；检查中尾轴固定螺栓有无松动；用吊线锤检查游梁与底座的中心线是否对正；测量游梁中心线与底座中心点在同一垂直线上，偏差不大于1.5mm。

(7) 检查对中：卸载，用吊线锤检查驴头中心线与井口中心的偏差，5型机偏差＜3mm，10型机偏差＜6mm，12型机偏差＜8mm；若不合格，使用驴头两侧顶丝或中轴轴承座的顶丝配合进行调整。

(8) 检查皮带、电动机：采用下压法或翻转法检查皮带松紧度，调整皮带松紧度、"四点一线"，检查电动机底座水平。

（9）检查电气设备：检查接线处有无过热和氧化现象；检查接地线；清除配电箱内杂物；对电动机轴承加注专用二硫化钼润滑油。

（10）启机：检查抽油机周围有无障碍物，按操作规程启机。

操作安全提示：

（1）将驴头停止在上死点位置，刹紧刹车，断开电源，防止发生溜车等安全事故。

（2）5级风以上及下雨、下雪天不得进行抽油机二级保养。

（3）用电方面要与专业电工配合操作。

（4）高处作业时应系好安全带。

16. 安装载荷传感器操作

准备工作：

（1）正确穿戴劳动保护用品。

（2）抽油机井综合测试仪1台，标定合格的载荷传感器1套。

（3）工具、用具、材料准备：方卡子1副，375mm活动扳手1把，锉刀1把，1.5kg手锤1把，安全带1副，警示牌1个。

操作程序：

（1）按抽油机启停机标准停机，使驴头停在接近下死点处，刹紧刹车。

（2）在密封盒上坐紧方卡子，松刹车，启机，卸掉载荷，停机，刹紧刹车，分开空气开关，锁死刹车安全装置，挂上停机警示牌。

（3）在悬绳器和方卡子之间安装载荷传感器。

（4）取下停机警示牌，解除刹车安全装置，缓慢松刹车，加载荷，卸掉密封盒上的方卡子，擦净光杆油污，锉净毛刺。

（5）按抽油机启停机标准启机，检查抽油机运行是否正常。

（6）打开抽油机井综合测试仪检查测试载荷传感器工作是否正常，并查看示功图数据是否正常。

（7）填写记录。

（8）收拾工具，清理现场。

操作安全提示：

（1）载荷传感器安装须横平竖直，悬绳器无"打扭"现象。

（2）依据现场抽油机的朝向确认模块的安装方向。

（3）载荷传感器按使用期限进行校定。

17. 启、停塔架式抽油机操作

准备工作：

（1）正确穿戴劳动保护用品。

（2）工具、用具、材料准备：F形扳手1把，300mm活动扳手1把，低压试电笔1支，绝缘手套1副，擦布若干，记录纸，记录笔。

操作程序：

（1）启动前检查：

① 检查确认设备附近没有无关人员及障碍物。

② 检查确认抽油机基础未发生下沉，无设备整体倾斜现象。

③ 检查确认塔架式抽油机皮带两端连接安全可靠，即

皮带与悬绳器端以及皮带与配重箱端连接安全可靠。机械部分完好无损，确认紧固件连接紧固牢靠。

④ 检查皮带是否发生偏磨现象，皮带自身是否产生大量裂纹。

⑤ 由专业维保人员检查平台上电动机安装是否牢固可靠，电缆是否有磨损破皮现象。

⑥ 由专业维保人员检查大小滚筒安装是否牢固可靠，皮带传动连接是否可靠无异响，提抽皮带是否完全附着于大小滚筒圆周面上。

⑦ 检查控制柜内显示屏状态是否正常，确认设备运行上下行程开关接线无破损，停止按钮处于弹出状态。

⑧ 检查控制柜是否存在漏电现象，控制柜内部电气设备是否完好无损、连接可靠。

⑨ 检查上电后触摸屏显示界面是否正常。

⑩ 上述检查过程中若发现问题需及时消除，必要时需联系厂家人员进行维护，确保设备整体无任何隐患方可进行启机操作。

（2）启机操作：

① 确认启机条件已完备，方可进行启机操作。

② 倒流程，打开生产阀门。

③ 用试电笔测试并确认控制柜柜体不带电。

④ 侧身打开控制柜并进行上电操作。将控制柜空气开关推至开启位置，使控制柜中PLC通电，电源指示灯点亮。

⑤ 点击控制柜面板上"Start"（启动）按钮，使设备运转，并观察以下几点：

（a）观察设备运转情况，是否存在卡泵、抽油杆偏磨、

换向死点失灵等现象,如有异常,应停机查找原因;

(b) 听抽油机及电动机运转过程中是否存在异响,是否存在刮碰声音,如有异常,应停机查找原因;

(c) 观察显示屏上下行电流数值,若差值较大(>10A),则需停机调整抽油机配重箱内部平衡块数量,使得运转过程中井口处与配重近似平衡;

(d) 观察抽油机冲程、冲次是否满足使用要求,必要时进行调整。

⑥ 操作人员需在现场观察 5~10min,待确认控制柜及电动机无过热现象,设备整体运转过程无误时方可离开,如有异常,应停机查找原因。

(3) 停机操作:

① 设备停机前操作人员需做好个人防护,佩戴绝缘手套等劳动防护用品,方可进行停机操作。

② 设备停机前需对设备进行检查,检查内容需满足以下要求:

(a) 设备周围没有无关人员及障碍物,以免发生事故。

(b) 配重箱下部缓冲器应齐全无破损(检查时与抽油机保持 1m 安全距离)。

③ 设备在运行过程中,除特殊情况之外,需保证配重箱即将下至底端时方可进行停机操作。

④ 用测电笔测试并确认控制柜柜体不带电,侧身打开控制柜,待配重箱即将下至底端时按动控制柜内部红色停机按钮。

⑤ 检查确认配重箱是否落至底端,确保停机到位,拉紧刹车。

⑥ 关闭总电源,完成停机操作。

操作安全提示：

（1）严禁不分空气开关操作，分、合空气开关需戴绝缘手套侧身操作。

（2）长期关井时，需进行扫线。

18. 巡回检查塔架式抽油机井操作

准备工作：

（1）正确穿戴劳动保护用品。

（2）工具、用具、材料准备：F形扳手1把，300mm活动扳手1把，电流表1块，校验合格的压力表1块，低压试电笔1支，绝缘手套1副，擦布若干，记录本，记录笔。

操作程序：

（1）控制柜：

① 检查控制柜柜体是否存在缺陷，部件是否完好，柜门是否处于锁闭状态。

② 检查控制柜固定螺栓是否牢固可靠，外接电源线是否存在安全隐患。

③ 检查控制柜内部环境是否干燥清洁，电气元件是否存在老化、损坏等现象。

④ 检查显示屏显示参数是否存在异常，上下行电流差值是否过大，载荷示功图是否存在异常波动。

（2）机架：

① 检查整机零部件是否齐全，如有丢失应及时补齐。

② 检查各连接件、紧固件的紧固程度，确保其紧固牢靠。

③ 检查机架整体是否有较大倾斜，基础是否存在下沉。

④ 检查机架固定螺栓是否牢固可靠，螺栓连接是否有松弛现象。

⑤ 检查机架扶梯是否安全牢固，是否存在不知情人登

上平台的情况。

⑥ 检查机架在运行过程中振幅是否过大，有无异常振幅。

⑦ 检查机架在运行过程中是否存在共振、产生较刺耳噪声现象，必要时停机查证原因。

（3）底座：

① 检查底座与基础及机架连接螺栓是否齐全牢固，螺栓是否存在锈蚀等其他失效隐患，及时更换易损件。

② 检查前端基础是否存在下沉现象，前后两基础连接是否分离。

③ 检查底座与基础贴合处垫铁支撑是否齐全有效。

④ 检查底座与机架两侧拉杆是否变形、松弛，设备运行时是否存在两侧拉杆剧烈颤抖的现象，及时调整拉杆长度。

（4）平台（每月一次）：

① 检查平台与机架连接螺栓是否牢固可靠，有无锈蚀等失效风险，及时更换易损件。

② 检查护栏是否安全牢固地固定在平台上，连接螺栓是否可靠有效。

③ 检查平台整体是否存在油污油渍，检查是否存在润滑油泄漏、不足现象，按维护保养周期及时更换各部件润滑油脂。

④ 检查电动机接线是否安全可靠，绝缘层不允许出现损坏现象。

⑤ 检查电动机座固定是否牢固，顶丝是否有效可靠。

⑥ 检查电动机温度是否过热，要求≤60℃，制冷散热装置是否无遮挡且有效工作。

⑦ 检查电动机传动机构是否可靠、有无异响，按维护保养周期及时更换易损件。

⑧ 每月至少检测电动机振动一次。

⑨ 检查大小滚筒自身及轴承座是否存在断裂、破损等安全隐患，各轴承之间有无异常响动，各焊接部位有无裂纹。

⑩ 检查大小滚筒轴承在设备运行过程中是否存在异响，若有则及时更换。

⑪ 检查链条润滑油箱、油面是否符合要求，按保养周期更换行星滚筒内部润滑油。

⑫ 检查传动齿形带磨损状态，观察传动带是否有断齿、断裂风险，若有则及时停机更换。

⑬ 检查张紧轮是否正常有效工作，链条松紧是否合适，是否有磨损，链轮是否外窜，若有则及时调整或更换，保证张紧皮带无卡阻、转动无异响。

⑭ 检查平台上部刹车机构是否无卡阻且有效工作，转动副销轴是否存在锈蚀等失效现象，若有则及时更换。

⑮ 检查提配重电动绞车机构是否牢固可靠，电缆电线连接是否符合标准，机构是否可以正常运行。

（5）配重箱：

① 检查配重箱是否平衡，运行过程中有无偏磨，有无异常噪声。

② 检查配重箱导向轮是否正常工作，若有损坏则及时更换。

③ 检查配重箱盖板螺栓是否牢固可靠。

④ 检查配重箱防护网是否牢固可靠，防护网附近有无阻碍配重箱上下行的异物。

（6）皮带：

① 检查皮带表面是否存在龟裂、变形、漏丝等异常现象，必要时更换皮带。

② 检查设备运行时是否存在皮带偏磨及卡井引发的滚筒空转磨损皮带现象，若有则及时调整设备运行参数及进行洗井处理。

③ 检查皮带两端连接夹板是否牢固可靠，皮带孔位是否拉长磨损，若有则及时处理。

④ 检查悬绳器是否平整，与皮带夹连接柔性件是否安全可靠，抽油杆盖板螺栓是否紧固。

操作安全提示：

（1）恶劣天气下如大风、暴雨、雷电、大雪等，检查时应充分观察，若设备运行存在问题，务必停机检查，且不可登上平台进行高空作业。

（2）巡检过程中禁止吸烟、私自动用明火等其他存有安全隐患的行为。

（3）巡检过程中非特殊情况不可对设备进行任何拆卸行为。

（4）如果需要登高等高风险作业，需执行高风险作业管理要求。

19. 调整塔架式抽油机井平衡操作

准备工作：

（1）正确穿戴劳动保护用品。

（2）工具、用具、材料准备：300mm活动扳手1把，低压试电笔1支，绝缘手套1副，擦布若干，记录纸，记录笔。

操作程序：

（1）进行停机操作，确认设备断电并锁好控制柜柜门，以防止其他人员误操作。

(2) 确认停机到位后，拉紧刹车，操作人员拆卸防护网及配重箱盖板。

(3) 根据上下行电流差值估算，添加相应数量配重块，确保两个箱体等数量放置。配重箱上行（抽油杆下行）的电流大于配重箱下行（抽油杆上行）的电流需减少配重块，配重箱下行（抽油杆上行）的电流大于配重箱上行（抽油杆下行）的电流需增加配重块。

(4) 安装配重箱盖板及防护网，收好工具并远离设备。

(5) 执行启机操作，设备运行稳定后校对上下行电流差值，差值不超 5A 为合理运行区间，差值越小对设备运行状态越有利，越节能。

(6) 若上下行电流差值较大，则根据之前添加数量和电流差值缩小量计算应添加配重块的数量，重复调整平衡操作。

(7) 调整平衡完成后，紧固配重箱盖板，不可在配重块裸露状态下运行设备；确认无杂物阻碍配重箱上下行运动且无杂物置于配重箱上部后，操作人员必须远离设备，方可进行启机校验电流值。

(8) 调整完成后进行启机试运行操作，观察对应设备配重增加对电流的影响规律，并做相应的校准及调整。

(9) 由于井况不同，井下产液量不同，需对每台设备的平衡调节情况做记录，以便后续能相对准确地估算平衡块的添加数量。

操作安全提示：

(1) 确保调整平衡时设备处于断电停机状态。

(2) 观察控制柜内设备运行时上下行电流，取平稳数值校对，平衡率不在标准合格范围内（80%～110%），需进行平衡调整。

（3）增减配重时需在设备后部即底座上进行操作。

（4）配重箱箱体两空间内配重数量相同，保证配重箱自身平衡。

（5）配重块需使用标准重量配重块，不可使用其他杂物、异物代替。

（6）洗井或作业后，若上下行电流不在标准合格范围内（80%～110%），则调节平衡操作应延后两天，确保井下处于相对稳定状态，减少频繁调整平衡带来的工作量。

20. 塔架式抽油机一级保养操作

准备工作：

（1）正确穿戴劳动保护用品。

（2）工具、用具、材料准备：450mm管钳1把，300mm、375mm、450mm活动扳手各1把，电工工具1套，黄油枪1把，绝缘手套1副，低压试电笔1支，洗油剂、黄油、擦布若干。

操作程序：

（1）停止抽油机，断开电源，刹紧刹车。

（2）紧固各连接件。

（3）检查密封填料有无渗漏、光杆有无发热现象，发现异常情况应及时查明原因并进行处理。

（4）检查负荷皮带有无刮痕，皮带有无锈蚀、断股。

（5）检查链轮有无断齿，轴承是否窜轴，减速箱温度不超过60℃。

（6）电动机外壳应有良好的接地，清洗更换电动机轴承润滑脂。

(7) 控制柜安装牢固,除尘清洁控制柜及风扇滤网,柜门关闭良好,PLC 运转显示正常,动作灵敏,在可靠额定频率下,电压变化为额定电压的 ±10%。

(8) 金属外壳应有良好的保护接地措施,工作零线和保护零线不应共用一根导线。

(9) 所有元器件与线路连接可靠,不应有松动发热和烧毁迹象。

(10) 调整悬绳器与井口中心的同心度,偏差≤3mm。

(11) 检查机架与机座是否垂直,检查基座前部是否下沉。

(12) 按各型抽油机的润滑要求和规定进行润滑作业。

(13) 清除抽油机外部油污和泥土,保持抽油机清洁。

(14) 根据抽油机平衡检查结果,调整平衡块重量,80%≤抽油机平衡率≤110%。

(15) 保养后要求整机运转平稳,无卡滞现象,无异常响声和振动。

(16) 检查抽油机周围有无障碍物,按操作规程启机。

(17) 收拾工具,清理现场。

操作安全提示:

(1) 维护保养时,必须停机且断开控制柜空气开关,并等候 5min,控制柜前需有专人监护,并挂牌上锁,不得单人进行操作,任何人不得擅自上电启动设备。

(2) 禁止 3 人及以上人员同时登上顶部平台,高空作业时必须系安全带。

(3) 任何人员在高空作业时不得进行交叉作业,不得靠近设备,以防止工具坠落造成安全事故。

(4) 无论维护保养还是维修后,应观察设备运行

15～30min，确认无任何问题及隐患后方可离开。

（5）在5级以上大风（含5级）、暴雨、雷电、大雪等恶劣天气下，任何人员不得登上抽油机顶部平台进行高空作业。

（6）禁止有身体禁忌的人员登上顶部平台进行高空作业。

21. 塔架式抽油机二级保养操作

准备工作：

（1）正确穿戴劳动保护用品。

（2）工具、用具、材料准备：200mm、300mm、375mm活动扳手各1把，黄油枪1把，钢卷尺1把，铜棒1根，齐头扁锉1把，机油壶1个，3.75kg大锤1把，200mm手钳1把，低压试电笔1支，绝缘手套1副，安全带2副，中粗砂纸、油漆、洗油剂、黄油、擦布若干。

操作程序：

（1）停机：使用试电笔对配电箱验电，按停止按钮停机，分开空气开关。

（2）检查刹车：检查刹车片的厚度是否均匀且是否达到制动要求。

（3）检查调整平衡箱导向轮与工字钢间隙，应保证在3mm之内。对已磨损的导向轮及时更换。

（4）查看并调整链条松紧度：链条松边的垂度应为中心距的2%左右，视情况调整链条松紧，检查链条连接销是否松动。

（5）检查电气设施：主要是对各按钮开关、指示灯、监视仪表等进行清扫，对各接线端子进行紧固，检测接地电阻。

（6）保养电动机：清洗更换轴承润滑脂。

(7) 启机：检查抽油机周围有无障碍物，按操作规程启机。

操作安全提示：

（1）维护保养时，必须停机且断开控制柜空气开关，并等候 5min，控制柜前需有专人监护，并挂牌上锁，不得单人进行操作，任何人不得擅自上电启动设备。

（2）禁止 3 人及以上人员同时登上顶部平台，高空作业时必须系安全带。

（3）任何人员在高空作业时不得进行交叉作业，不得靠近设备，以防止工具坠落造成安全事故。

（4）无论维护保养还是维修后，应观察设备运行 15～30min，确认无任何问题及隐患后方可离开。

（5）在 5 级以上大风（含 5 级）、暴雨、雷电、大雪等恶劣天气下，任何人员不得登上抽油机顶部平台进行高空作业。

（6）禁止有身体禁忌的人员登上顶部平台进行高空作业。

22. 识别抽油机井通用风险点源及风险消减措施

（1）井口工艺流程处风险点源：磕碰伤害。

消减措施：在安全区域内行走和操作，将凸出部分进行钝化处理。

（2）光杆处风险点源：坠落伤害、挤压伤害。

消减措施：

① 确保各处装配螺栓完好并紧固。

② 悬挂密封盒压盖时，必须将密封盒固定牢固。

③ 对损坏的卡子和毛辫子及时维修更换。

④ 正确选择操作位置，驴头下行时严禁触碰光杆。

（3）曲柄平衡块（平衡箱）处风险点源：磕碰伤害。

消减措施：

① 停机前检查旋转部位，要在抽油机安全距离 0.8m 以外。

② 抽油机基础内不得存放工具、用具。禁止未停机进入平衡块护栏内操作。

③ 特定位置停机时，将刹车安全装置锁死，确保不发生滑落或摆动。

(4) 电动机处风险点源：电击伤害、缠绕伤害。

消减措施：

① 检查接地体是否合格，电器是否有漏电现象，启停机时先用试电笔验电。

② 正确穿戴劳动保护用品。

③ 电动机运行过程中，严禁对电动机两端进行任何操作。

(5) 控制箱处风险点源：电击伤害、电灼伤害。

消减措施：

① 检查是否有漏电现象；启停机时先用试电笔验电。

② 严禁带负荷分、合空气开关。

③ 戴绝缘手套侧身合、断空气开关。

(6) 减速箱处风险点源：坠落伤害、缠绕伤害。

消减措施：

① 必须佩戴并系牢安全带。

② 选择正确合理的操作位置，正确使用工具、用具。

③ 正确穿戴劳动保护用品。

④ 与运行旋转部位保持安全距离。

(7) 皮带处风险点源：缠绕伤害。

消减措施：

① 正确穿戴劳动保护用品，严格执行维修和更换操作规程。

② 及时更换损坏的皮带。

③ 装卸皮带时，严禁手抓皮带及戴手套盘皮带。

（8）中轴、尾轴、平台处风险点源：坠落伤害、磕碰伤害。

消减措施：

① 必须佩戴并系牢安全带。

② 选择正确合理的操作位置，正确使用工具、用具。

③ 停机时在刹车把上悬挂"禁止启机"警示牌，严禁在操作过程中运转抽油机。

④ 在安全区域内行走和操作，将凸出部分进行钝化处理。

（9）工具使用风险点源：磕碰伤害。

消减措施：

① 正确穿戴劳动保护用品。

② 严格遵守工具使用规定，严禁抛、扔工具。

③ 及时清洁、维修和更换损坏的工具，并妥善保管。

（10）巡检行走风险点源：跌倒伤害。

消减措施：

① 保持地面干净、干燥，正确穿着工鞋等劳动保护用品。

② 在安全区域内行走，与风险部位保持安全距离。

③ 将凸出部位进行钝化处理。

23. 巡回检查电动潜油泵井操作

准备工作：

（1）正确穿戴劳动保护用品。

（2）工具、用具、材料准备：F形扳手1把，绝缘手套

1副，低压试电笔1支，擦布若干，记录纸，记录笔。

操作程序：

（1）检查变压器有无警示牌，是否有异味，高压熔断器及触点有无虚接现象，端点杆绷绳是否紧固。

（2）检查变压器引线电缆、井口采油树入井电缆、控制屏电缆、地面电缆有无老化、破损现象；井场电缆是否埋深0.8m，电缆走向牌是否指示明确；接线盒有无安全警示标志。

（3）检查控制屏前是否有高压绝缘垫，用试电笔检查控制屏有无漏电现象。

（4）检查控制屏运行指示灯是否齐全完好，运行指示是否正确，检查过、欠载整定值是否符合要求。

（5）录取数据，检查电流、三相电压是否平稳，有无停电、欠载、过载现象。

（6）检查井口各阀门开关是否处于正常位置，设备有无缺损、松动、渗漏现象。

（7）判断出油声是否正常。

（8）录取井口油压、套压、回压，压力值要在压力表量程的1/3～2/3，检查压力值是否在合理范围内。

（9）开大掺水阀冲掺水管线，控制回油温度。

（10）检查控制屏采油树接地线是否良好。

（11）检查测试扒杆绷绳是否紧固，扶梯是否完好。

（12）检查井场是否平整，有无油污、杂草，埋地管线有无裸露、渗漏现象。

（13）收拾工具，清理现场。

操作安全提示：

（1）三相高压电压波动范围为：-5%～10%，电流不平衡度不超过±5%。

(2) 检查变压器时，应站在安全护栏外检查，发现异常由专业人员处理。

(3) 有停机或异常现象时及时汇报，请专业人员处理。

24. 更换电动潜油泵井电流卡片操作

准备工作：

(1) 正确穿戴劳动保护用品。

(2) 工具、用具、材料准备：电流卡片1张，上弦钥匙1把，记录笔。

操作程序：

(1) 检查控制屏运行指示灯显示泵工作是否正常。

(2) 打开控制屏记录仪门，抬起电流卡片记录笔杆，拨开卡片压销。

(3) 缓慢将旧卡片取出。

(4) 将时钟上满。

(5) 根据潜油电泵的实际运行情况及数据录取的需要，确定为日卡或周卡，将电流记录仪时钟选择相应挡位（挡位分24h和168h）。

(6) 按要求填写电流卡片（井号、换卡日期、泵型、下泵日期、欠载值、过载值、油嘴、值班人等）。

(7) 安装新电流卡片，确定运转方向，并在卡片上做好标记。

(8) 放下记录笔杆，对准卡片时间，卡紧电流卡片压销。

(9) 关控制屏电流记录仪门。

(10) 检查电流卡片记录电流与中控电流是否一致。

(11) 检查旧电流卡片是否完全圈闭，停机部分需标明原因及规定的其他数据。

(12) 收拾工具，清理现场。

操作安全提示：

(1) 操作时动作平稳，避免触碰控制屏上其他开关、闸刀。

(2) 时钟上弦力度要适度，避免出现停运或弦断。

25. 调整电动潜油泵井油嘴操作

准备工作：

(1) 正确穿戴劳动保护用品。

(2) 工具、用具、材料准备：规格合适的油嘴1套，油嘴专业扳手1把，0～150mm游标卡尺1把，F形扳手1把，375mm活动扳手1把，放空桶1个，生料带、擦布若干，记录纸，记录笔。

(3) 核实原油嘴直径。

操作程序：

(1) 观察控制屏运行是否正常。

(2) 检查井口各阀门开关是否处于正常位置，设备有无缺损、松动、渗漏现象。

(3) 记录工作电流值、油压、套压、回压。

(4) 可调式油嘴调整：扩大油嘴时用扳手逆时针方向转动油嘴标；缩小油嘴时用扳手顺时针方向转动油嘴标，直至达到所需数值。

(5) 调整不可调式油嘴时需进行更换：

① 将控制屏选择开关拨到停止位置，机组停止运行，电流显示及电流记录卡片笔归零（若是双翼流程应改另一翼生产，关直通阀门、套管放气阀门。此操作以单翼流程为例）。

② 关闭井口生产阀门、回压阀门，关闭套管定压放气

阀门，缓慢打开放空阀门，放净管线内压力。

③ 卸油嘴装置丝堵，放净油嘴装置内残余的液体，擦净油嘴装置边缘。

④ 将油嘴扳手轻轻插进油嘴装置内，确认对准油嘴双耳，逆时针方向卸扣，卸下油嘴。

⑤ 擦净油嘴表面及油嘴孔内的脏物。测量新、旧油嘴孔径并记录，确认新油嘴符合要求。

⑥ 把新油嘴双耳卡在油嘴专用扳手内，缓慢送入油嘴装置，对正扣后顺时针上紧。

⑦ 清理丝堵螺纹，缠绕生料带，上紧丝堵。

⑧ 关闭放空阀门，打开回压阀门（关闭的直通阀门须打开），检查确认无渗漏现象后打开生产阀门。

⑨ 将控制屏选择开关拨到手动位置，按启动按钮启泵，机组运行。

⑩ 检查井口，观察油压上升情况，稳定后打开并调节套管定压放气阀。

（6）记录工作电流值、油压、套压、回压。

（7）收拾工具，清理现场。

操作安全提示：

（1）使用F形扳手时开口向外，开关阀门侧身、缓慢、平稳操作，严禁手臂超过丝杠。

（2）调整油嘴时侧身操作。

（3）卸油嘴装置丝堵时，必须放净压力后方可进行下一步操作。

（4）平稳装卸油嘴，避免损坏油嘴双耳。

26. 识别电泵井通用风险点源及风险消减措施

（1）井口工艺流程处风险点源：磕碰伤害、喷溅伤害、坠落伤害。

消减措施：

① 在安全区域内行走和操作。将凸出部分进行遮挡或包裹。

② 开关阀门要侧身、平稳操作，严禁猛开猛关、粗暴操作。

③ 必须佩戴并系牢安全带。

④ 选择正确合理的操作位置，正确使用工具、用具。

（2）控制箱处风险点源：电击伤害、电灼伤害。

消减措施：

① 检查是否有漏电现象；启停机时先用试电笔验电。

② 严禁带负荷合、断空气开关。

③ 戴绝缘手套侧身合、断空气开关。

（3）工具使用风险点源：磕碰伤害。

消减措施：

① 正确穿戴劳动保护用品。

② 严格遵守工具使用规定，严禁抛、扔工具。

③ 及时清洁、维修和更换损坏的工具，并妥善保管。

（4）巡检行走风险点源：跌倒伤害。

消减措施：

① 保持地面干净、干燥，正确穿着工鞋等劳动保护用品。

② 在安全区域内行走，与风险部位保持安全距离。

③ 将凸出部位进行钝化处理。

27. 巡回检查螺杆泵井操作

准备工作：

（1）正确穿戴劳动保护用品。

（2）工具、用具、材料准备：F形扳手1把，300mm活动扳手1把，校验合格的压力表1块，绝缘手套1副，低压试电笔1支，擦布若干，记录本，记录笔。

操作程序：

（1）检查井口各阀门开关是否处于正常位置，设备有无缺损、松动、渗漏现象。

（2）录取井口油压、套压，压力值要在压力表量程的1/3～2/3，检查压力值是否在合理范围内。

（3）冲洗掺水管线，控制回油温度在35～38℃（特殊井特殊对待）。

（4）检查密封盒压帽松紧是否合适，有无漏油现象。

（5）检查光杆外露是否不超过30cm，光杆旋转方向是否为顺时针，方卡子安全防护罩是否完好无损。

（6）检查减速箱有无异常响声、振动，齿轮油位是否在1/2～2/3，箱体温度是否≤50℃。

（7）检查各连接部位固定螺栓有无松动现象。

（8）测取电流，检查过载值是否为工作电流的1.2倍。

（9）检查井场是否平整，有无油污、杂草，埋地管线有无裸露、渗漏现象。

（10）收拾工具，清理现场。

操作安全提示：

（1）检查过程中人员与设备要保持0.8m以上安全距离。

（2）开启配电箱前，用试电笔在无漆部位验电。

28. 启、停螺杆泵操作

准备工作：

（1）正确穿戴劳动保护用品。

（2）工具、用具、材料准备：300mm活动扳手1把，F

形扳手1把，低压试电笔1支，绝缘手套1副，擦布若干，记录纸，记录笔。

操作程序：

(1) 启动螺杆泵：

① 检查井口流程是否正常，零部件及仪表是否齐全好用，设备有无刺漏现象。

② 检查减速箱油位是否达到看窗的 1/2 ~ 2/3。

③ 检查各部位固定螺栓及光杆卡子是否紧固牢靠。

④ 检查安全防护罩是否完好无损。

⑤ 对配电箱验电，确认无漏电现象。

⑥ 检查配电箱配件是否齐全，有无漏电现象；配电箱、电动机接地是否完好，过载保护电流值是否按正常运转电流的 1.2 倍设置。

⑦ 检查周围有无障碍物。

⑧ 合空气开关，按启动按钮。

⑨ 检查减速箱有无异常响声、振动，箱体温度是否 $\leqslant 50℃$。

⑩ 检查密封盒压帽松紧是否合适，有无漏油现象。

⑪ 录取并记录井口油压、套压，压力值要在压力表量程的 1/3 ~ 2/3，检查压力值是否在合理范围内。

⑫ 观察运行电流、电压是否平稳。

⑬ 检查电动机运转声音、温度是否正常。

⑭ 记录启机时间、油压、套压、电流值。

⑮ 调整掺水量。

(2) 停止螺杆泵：

① 对配电箱验电，确认无漏电现象。

② 按停止按钮，分开空气开关。

③ 记录停机时间、油压、套压。

④ 调整掺水量（需要关井时关闭井口生产阀门）。

(3) 收拾工具，清理现场。

操作安全提示：

(1) 严禁不分空气开关操作，分、合空气开关需戴绝缘手套侧身操作。

(2) 检查过程中人员与设备要保持 0.8m 以上安全距离。

29. 更换螺杆泵井驱动装置视油窗操作

准备工作：

(1) 正确穿戴劳动保护用品。

(2) 工具、用具、材料准备：新视油窗 1 套，300mm 活动扳手 1 把，150mm×6mm 一字形及十字形螺钉旋具各 1 把，低压试电笔 1 支，绝缘手套 1 副，油桶 1 个，密封垫 2 个，擦布若干，记录笔，记录本。

操作程序：

(1) 操作前检查工作环境。

(2) 用试电笔验电，检查配电箱应无漏电。

(3) 侧身按停止按钮。

(4) 侧身断开空气开关。

(5) 放好收油桶，用螺钉旋具卸下视油窗固定螺栓。

(6) 取下视油窗，用擦布擦净视油孔。

(7) 安放密封垫、新视油窗，紧固螺栓。

(8) 将放出齿轮油加入箱内。

(9) 用擦布擦净箱体。

(10) 按规程启机。

(11) 收拾工具，清理现场。

操作安全提示：

(1) 严禁不分空气开关操作，分、合空气开关需戴绝缘手套侧身操作。

（2）检查过程中人员与设备要保持0.8m以上安全距离。

30. 更换螺杆泵井驱动装置齿轮油操作

准备工作：

（1）正确穿戴劳动保护用品。

（2）工具、用具、材料准备：300mm活动扳手1把，刻度尺1把，漏斗1支，低压试电笔1支，绝缘手套1副，齿轮油回收桶1个，同型号齿轮油、柴油或专业清洗剂、擦布若干。

操作程序：

（1）对配电箱验电，确认无漏电现象。

（2）按停止按钮，断开空气开关。

（3）卸下驱动装置侧面排污丝堵。

（4）卸下呼吸阀。

（5）放掉旧齿轮油。

（6）清洗（用柴油或专业清洗剂）驱动装置3～5次。

（7）放净清洗残油。

（8）上紧驱动装置侧面排污丝堵。

（9）加齿轮油至看窗的1/2～2/3处，并用刻度尺测量。

（10）安装呼吸阀。

（11）检查周围有无障碍物。

（12）合空气开关，按启动按钮。

（13）检查设备运转是否正常，检查减速箱有无异常响声、振动，箱体温度是否≤50℃。

（14）收拾工具，清理现场。

操作安全提示：

（1）严禁不分空气开关操作，分、合空气开关需戴绝缘手套侧身操作。

（2）检查过程中人员与设备要保持 0.8m 以上安全距离。

31. 识别螺杆泵井通用风险点源及风险消减措施

（1）井口设备、工艺流程处风险点源：磕碰伤害、坠落伤害、缠绕伤害。

消减措施：在安全区域内行走和操作。将凸出部分进行钝化处理。

（2）控制箱处风险点源：电击伤害、电灼伤害。

消减措施：

① 检查是否有漏电现象；启停机时先用试电笔验电。

② 严禁带负荷合、断空气开关。

③ 戴绝缘手套侧身合、断空气开关。

（3）工具使用风险点源：磕碰伤害。

消减措施：

① 正确穿戴劳动保护用品。

② 严格遵守工具使用规定，严禁抛、扔工具。

③ 及时清洁、维修和更换损坏的工具，并妥善保管。

（4）巡检行走风险点源：跌倒伤害、磕碰伤害。

消减措施：

① 保持地面干净、干燥，正确穿着工鞋等劳动保护用品。

② 在安全区域内行走，与风险部位保持安全距离。

③ 将凸出部位进行钝化处理。

32. 巡回检查注水井操作

准备工作：

（1）正确穿戴劳动保护用品。

（2）工具、用具、材料准备：F 形扳手 1 把，300mm 活动扳手 1 把，25MPa 校验合格的压力表 1 块，秒表（瞬时水量表）1块，擦布若干，记录纸，记录笔。

操作程序：

（1）检查井口各阀门开关是否处于正常位置，设备有无缺损、松动、渗漏现象。

（2）录取并记录泵压、油压、套压，检查压力值是否在合理范围内。

（3）检查水表运转有无堵塞、卡、停现象（电磁流量计运行完好）。

（4）记录水表（电磁流量计）底数和实际瞬时水量，计算、核实注水量完成情况。

（5）根据配注方案，计算方案瞬时水量，用下游控制阀门调整注水量。

（6）检查井场是否平整，有无油污、杂草，埋地管线有无裸露、渗漏现象。

（7）收拾工具，清理现场。

操作安全提示：

（1）使用F形扳手时开口向外，开关阀门侧身、缓慢、平稳操作，严禁手臂超过丝杠。

（2）操作时避开卡箍接口处。

（3）严禁超破裂压力注水。

33. 填写注水井班报表操作

准备工作：

（1）正确穿戴劳动保护用品。

（2）工具、用具、材料准备：注水井基础数据，当日生产动态数据，计算器1个，注水井班报表、记录纸若干，记录笔。

操作程序：

(1) 填写表头部分：班别、计量间号、日期。

(2) 填写井号。

(3) 填写注水方式、允许注水压力、配注水量。

(4) 填写检查时间、泵压、油压、套压。

(5) 填写注水时间，如有关井情况（如洗井、测试、酸化、井口维修等），注水时间应为全天时间扣除关井时间，在备注栏注明。

(6) 填写水表起、止底数，无关井情况时用两次水表底数相减即为注水量；如有放溢流等情况，实际注水量应为水表底数计算出的注水量减去井口溢流量；由于水井测吸水指示曲线等原因导致注水量超出配注范围，应在备注栏内注明。

(7) 在备注栏中填写当日的生产情况。

(8) 检查、签名，提交地质组审核、签名。

(9) 收拾工具、清理现场。

34. 开、关注水井操作

准备工作：

(1) 正确穿戴劳动保护用品。

(2) 工具、用具、材料准备：F形扳手1把，300mm、375mm活动扳手各1把，秒表（瞬时水量表）1块，黄油、擦布若干，记录本，记录笔。

操作程序：

(1) 开井：

① 检查确认设备各连接部位不渗不漏。

② 检查水表（电磁流量计）外观是否完好且是否校验合格。

③ 按注水方式倒注水井井口流程。

④ 缓慢稍开水表下游控制阀门，检查无渗漏现象后，开上游控制阀门至最大后返回半圈。

⑤ 测瞬时水量，按配注方案控制水表下游控制阀门调整注水量。

⑥ 记录开井时间、压力、水表底数、瞬时水量。

（2）关井：

① 关闭水表上游控制阀门。

② 关闭井口注水阀门：正注井关闭生产阀门；反注井关闭套管阀门。

③ 记录关井时间、压力、水表底数资料。

（3）收拾工具，清理现场。

操作安全提示：

（1）使用F形扳手时开口向外，开关阀门侧身、缓慢、平稳操作，严禁手臂超过丝杠。

（2）冬季开井前要检查管线以及井口有无冻结现象。

（3）对于多井配水间流程遇多井关井时，先关高压井，后关低压井。

（4）冬季长期关井，需用压风机吹扫地面管线，总阀门以下用保温材料包裹；短期关井，地面管线及井口需放空。

35. 倒（正注）注水井反洗井操作

准备工作：

（1）正确穿戴劳动保护用品。

（2）工具、用具、材料准备：洗井液回收罐车1辆，洗井管线1条，F形扳手1把，300mm、375mm活动扳手各1把，450mm、900mm管钳各1把，3.75kg大锤1把，计算器1个，秒表（瞬时水量表）1块，黄油、擦布若干，记录本，记录笔。

操作程序：

(1) 检查井口各阀门开关是否处于正常位置，设备有无缺损、松动、渗漏现象。

(2) 关闭井口生产阀门，降压。

(3) 连接洗井管线、洗井液回收罐车。

(4) 打开洗井放空阀门。

(5) 打开套管阀门。

(6) 按洗井排量要求，控制下游阀门调整洗井水量，进行洗井。

(7) 分阶段洗井完成后，目测观察水质是否合格，关闭水表下游控制阀门。

(8) 关闭套管阀门。

(9) 关闭洗井放空阀门。

(10) 拆卸洗井管线。

(11) 打开井口生产阀门，开至最大后返回半圈。

(12) 开水表下游控制阀门，根据配注要求，控制下游阀门调整注水量。

(13) 记录洗井时间，注水时间，各阶段水表起、止底数，压力资料。

(14) 收拾工具，清理现场。

操作安全提示：

(1) 使用F形扳手时开口向外，开关阀门侧身、缓慢、平稳操作，严禁手臂超过丝杠。

(2) 严禁戴手套使用大锤。

36. 更换注水井高压干式水表操作

准备工作：

(1) 正确穿戴劳动保护用品。

(2) 同规格高压干式水表 1 块。

(3) 工具、用具、材料准备：22～24mm 梅花扳手 1 把，F 形扳手 1 把，200mm×8mm 一字形螺钉旋具 1 把，放空桶 1 个，底部密封垫 1 个，上部密封圈 1 个，秒表（瞬时水量表）1 块，黄油、擦布若干，记录纸，记录笔。

操作程序：

(1) 检查井口各阀门开关是否处于正常位置，设备有无缺损、松动、渗漏现象。

(2) 检查确认新、旧水表规格一致，新水表外观完好、叶轮转动灵活。

(3) 侧身关闭水表上、下游控制阀门，打开放空阀门，放净管内余压。

(4) 记录关井时间、水表底数。

(5) 用梅花扳手卸下水表压盖固定螺栓，取下水表压盖。

(6) 用一字形螺钉旋具从三个对称角撬出水表，清理水表壳内部。

(7) 记录新、旧水表钢号。

(8) 安装涂抹过黄油的水表下部密封垫、上部密封圈，将水表平稳放入水表壳内，计数器与管线平行。

(9) 安装压盖，对角紧固压盖固定螺栓，检查调整法兰间隙一致。

(10) 关闭放空阀门，稍开上游控制阀门，试压。

(11) 检查无渗、漏现象后，侧身开上游阀门至最大后返回半圈，侧身打开注水下游控制阀门，使注水井恢复注水，记录开井时间及新水表底数。

(12) 测瞬时水量，控制水表下游控制阀门按配注方案调整注水量。

（13）收拾工具，清理现场。

操作安全提示：

（1）正确倒流程，严禁带压操作。

（2）使用F形扳手时开口向外，开关阀门侧身、缓慢、平稳操作，严禁手臂超过丝杠。

37. 识别注水井通用风险点源及风险消减措施

（1）工艺流程处风险点源：磕碰伤害。

消减措施：

① 开关阀门侧身、平稳操作，严禁猛开猛关。

② 在安全区域内行走和操作，将凸出部分进行钝化处理。

（2）工具使用风险点源：磕碰伤害。

消减措施：

① 正确穿戴劳动保护用品。

② 严格遵守工具使用规定，严禁抛、扔工具。

③ 及时清洁、维修和更换损坏的工具，并妥善保管。

（3）巡检行走风险点源：跌倒伤害、磕碰伤害。

消减措施：

① 保持地面干净、干燥，正确穿着工鞋等劳动保护用品。

② 在安全区域内行走，与风险部位保持安全距离。

③ 将凸出部位进行钝化处理。

38. 使用磁浮子液位计计量单井产量操作

准备工作：

（1）正确穿戴劳动保护用品。

（2）工具、用具、材料准备：F形扳手（或阀门专用扳手）1把，秒表1块，擦布若干，记录纸，记录笔。

操作程序：

（1）检查计量间流程是否正常。

（2）缓慢打开分离器磁浮子液位计上、下阀门，查看分离器内原有的液面状况。

（3）打开分离器气平衡阀门3～5圈，打开分离器进、出口阀门。

（4）关闭单井掺水阀门，冬季停掺15min，其他季节停掺30min。

（5）打开单井进分离器量油阀门，关闭单井进汇管阀门，进油平稳后，关分离器出口阀门。

（6）观察磁浮子液位计液位上升至下标线的上边线时，记录计量开始时间，当液位再上升至上标线的下边线时，记录计量终止时间。

（7）开大分离器出口阀门，关闭气平衡阀门，使分离器内液面下降到下标线以下。

（8）根据产量确定量油次数，重复量油操作，量油时间取平均值。

（9）待液面落下后，关闭磁浮子液位计的下、上阀门。

（10）打开单井进汇管阀门，关闭单井进分离器量油阀门。

（11）关闭分离器进、出口阀门和气平衡阀门。

（12）打开掺水阀门，开至最大回半圈。

（13）收拾工具，清理现场。

操作安全提示：

（1）正确倒流程，开关阀门时一定要先开后关，避免憋压。

（2）量油时要先开磁浮子液位计上控制阀门，再开下控制阀门；关闭时要先关磁浮子液位计下控制阀门，再关上控制阀门。

（3）量油时，分压与回压应保持一致。

（4）量油计时观察过程中，磁浮子液位计显示部分与上下标线平齐，刻度完全翻转后方可开始或停止计时。

（5）若液位不降，可关闭气平衡阀门用气压压液面，液位下降到量油下标线以下，应及时打开气平衡阀门。

39. 安装磁浮子液位计操作

准备工作：

（1）正确穿戴劳动保护用品。

（2）校验合格的磁浮子液位计1套。

（3）工具、用具、材料准备：防爆管钳1把，200mm×8mm一字形螺钉旋具1把，250mm、300mm活动扳手1把，密封垫片2个，螺栓12条，排污阀1个（DN20mm），堵头1个（DN20mm），密封脂、擦布若干。

操作程序：

（1）检查安装位置，磁浮子液位计本体周围不允许有导磁物质，禁用铁丝固定，否则会影响磁翻板液位计的正常工作。

（2）打开底部法兰，保持浮子顶部向上，将浮子装入测量管内，将底部法兰加入法兰垫片并对角紧固螺栓。

（3）将磁浮子液位计上下法兰与分离器上下法兰相连，加入法兰垫片并对角紧固螺栓。

（4）将面板指示器由上到下安装在立管（工作筒）外侧并紧固。

（5）在磁浮子液位计底部法兰下方安装排污阀门。

（6）安装远传变送器，连接远传配套仪器与显示仪器或工控机之间的连线，盖上接线盒盖板。

(7) 对磁浮子液位计进行校正，试运行调试。

(8) 填写记录。

(9) 收拾工具，清理现场。

操作安全提示：

(1) 安装或更换磁浮子液位计时严禁带压操作。

(2) 磁浮子液位计安装必须垂直，以保证浮球组件在主体管内上下运动自如。

(3) 磁浮子液位计安装完毕后，需要用磁钢对翻柱导引一次，使液位以下显示红色，液位以上显示白色。

(4) 磁浮子液位计投入运行时，应先打开下引液管阀门让液体介质平稳进入主体管，避免液体介质带着浮球组件急速上升，而造成翻柱失灵和乱翻。若发生此现象，待液面平稳后可用磁钢重新校正。

(5) 根据介质情况，可定期打开排污阀门清洗沉淀物质。

40. 清洗磁浮子液位计操作

准备工作：

(1) 正确穿戴劳动保护用品。

(2) 工具、用具、材料准备：200mm、250mm活动扳手各1把，磁钢1块，水桶1个，排污桶1个，清洗液若干。

操作程序：

(1) 检查设备是否齐全，流程是否正确，有无渗漏。

(2) 关闭磁浮子液位计下、上控制阀门，接排污桶，打开放空阀门。

(3) 卸开浮子室下法兰，取下密封垫，取出磁浮子。

(4) 卸掉磁浮子液位计上丝堵，用清洗液清洗浮子室。

(5) 将磁浮子清理干净，检查磁浮子磁性，将磁浮子贴紧翻柱指示器移动，翻柱指示器翻动即证明磁性正常，反之需更换。

（6）将磁浮子按箭头方向装入浮子室，装好密封垫，安装下法兰螺栓，关闭放空阀门。

（7）上紧磁浮子液位计上端丝堵，关闭放空阀门，打开磁浮子液位计上、下控制阀门。

（8）倒入一口气量大的井进分离器，检查确认不渗不漏，翻柱指示器翻转灵敏。

（9）恢复正常生产流程。

（10）填写记录。

（11）收拾工具，清理现场。

操作安全提示：

（1）对室内阀组操作前应先打开门窗或启动通风设施通风。

（2）液位计投入运行时，应先开上控制阀门，后开下控制阀门，使液体介质平稳进入主体管，避免液体介质带着浮球组件急速上升，而造成翻柱指示器翻转失灵和乱翻。若发生此现象，待液面平稳后可用磁钢重新校正。

41.冲洗计量间分离器操作

准备工作：

（1）正确穿戴劳动保护用品。

（2）工具、用具、材料准备：F形扳手1把，300mm活动扳手1把，放空管线1条，擦布若干。

操作程序：

（1）核定安全阀检定压力，防止安全阀动作发生泄漏。

（2）检查确认计量分离器流程不渗不漏，管线畅通，各阀门灵活好用。

（3）检查分压表，记录分压值。

（4）连接放空管线，开、关放空阀门确认阀门开关灵活好用,管线畅通。

(5) 关闭磁浮子液位计下流、上流控制阀门。

(6) 选择 1 口含水较高井,打开该单井进分离器量油阀门,关闭单井进汇管阀门。

(7) 关分离器出口阀门。

(8) 关分离器气平衡阀门,憋压。

(9) 观察压力值,憋压至 $0.4 \sim 0.6$ MPa,迅速打开放空阀门泄压,释放冲洗。

(10) 关闭放空阀憋压。

(11) 冲砂时采用间断冲砂,重复以上操作,反复冲洗 $3 \sim 5$ 次。

(12) 关闭放空阀门。

(13) 打开气平衡阀门。

(14) 打开磁浮子液位计下流、上流控制阀门。

(15) 利用高含水井液自然沉降补充分离器底水,观察分离器内液面上升情况,待液面上升至磁浮子液位计 1/2 以上高度时,打开分离器出口阀门。

(16) 待磁浮子液位计内液位下降至下标线以下后,关闭磁浮子液位计下流、上流控制阀门。

(17) 打开单井进汇管阀门,关闭单井进分离器量油阀门。

(18) 拆卸放空管线。

(19) 收拾工具,清理现场。

操作安全提示:

(1) 正确倒流程,严禁带压操作。

(2) 憋压过程中,要密切观察分压值,憋压不能超过安全阀检定压力。

(3) 使用 F 形扳手时开口向外,开关阀门侧身、缓慢、平稳操作,严禁手臂超过丝杠。

42.更换闸阀密封填料操作

准备工作:

(1) 正确穿戴劳动保护用品。

(2) 工具、用具、材料准备:F形扳手1把,200mm×8mm一字形螺钉旋具1把,200mm活动扳手1把,切割刀1把,密封填料钩、密封填料压盖挂钩各1把,放空桶1个,密封填料、黄油、擦布若干。

操作程序:

(1) 检查流程后,侧身打开旁通阀门,关闭上流阀门,关闭下流阀门。

(2) 打开放空阀门泄压,观察确认压力表指针落零。

(3) 将需更换填料的阀门开大,卸松密封填料压盖拉紧螺栓,抬起压盖,用挂钩挂牢。

(4) 用一字形螺钉旋具或密封填料钩取净旧密封填料,并清理干净填料函。

(5) 以切口为30°~45°切割填料,长度准确(如果用石棉绳,应用多股拧成绳),涂抹黄油。

(6) 按顺时针方向加入新填料,切口要吻合,每层之间切口要错开120°~180°(如加石棉绳,要顺时针盘转),每加一圈应压实,加满为止。

(7) 放下压盖,均匀对称紧固压盖拉紧螺栓,保证压盖平正,填料松紧合适。

(8) 关闭放空阀门,侧身缓慢稍开下流阀门,试压。

(9) 检查无渗、漏现象后,开下流阀门、上流阀门至最大后返回半圈,关闭旁通阀门。

(10) 收拾工具,清理现场。

操作安全提示：

（1）正确倒流程，严禁带压操作。

（2）使用F形扳手时开口向外，开关阀门侧身、缓慢、平稳操作，严禁手臂超过丝杠。

43.更换法兰垫片操作

准备工作：

（1）正确穿戴劳动保护用品。

（2）工具、用具、材料准备：250mm、300mm活动扳手各1把，200mm×8mm一字形螺钉旋具1把，300mm钢锯条1根，500mm撬杠1根，200mm画规1把，300mm钢板尺1把，剪刀1把，F形扳手1把，放空桶1个，2.0mm石棉垫板、黄油、擦布若干。

操作程序：

（1）检查流程，侧身打开旁通阀门，关闭上流阀门，关闭下流阀门。

（2）打开放空阀门泄压，观察确认压力表指针落零。

（3）卸松下部外侧螺栓，待管线内余压放净后，卸松另外3条法兰螺栓，取下便于操作的1条螺栓。

（4）用撬杠撬开法兰取出旧法兰垫片。

（5）清理两侧法兰面。

（6）制作法兰垫片。

（7）将新法兰垫片两面均匀涂抹黄油，放入法兰盘内，调整法兰垫片居中。

（8）安装法兰螺栓，对角均匀紧固法兰螺栓，检查法兰间隙是否均匀。

（9）关闭放空阀门，侧身缓慢稍开下流阀门，试压。

（10）检查无渗、漏现象后，开下流阀门、上流阀门至最大后返回半圈,关闭旁通阀门。

(11) 收拾工具,清理现场。

操作安全提示:

(1) 正确倒流程,严禁带压操作。

(2) 使用F形扳手时开口向外,开关阀门侧身、缓慢、平稳操作,严禁手臂超过丝杠。

(3) 清理法兰密封面时,不准将手指伸进两法兰之间,防止法兰挤伤手指。

44. 更换法兰阀门操作

准备工作:

(1) 正确穿戴劳动保护用品。

(2) 规格相符的法兰阀门1个。

(3) 工具、用具、材料准备:250mm、300mm活动扳手各1把,F形扳手1把,200mm×8mm一字形螺钉旋具1把,300mm三角刮刀1把,500mm撬杠1根,放空桶1个,2.0mm石棉垫板、黄油、擦布若干。

操作程序:

(1) 检查流程后,打开旁通阀门,关闭上流阀门,关闭下流阀门。

(2) 打开放空阀门泄压,观察确认压力表指针落零。

(3) 先卸松下部外侧螺栓,待管线内余压放净后,卸松另外3条法兰螺栓(以同样方法操作阀门另一侧法兰)。

(4) 卸下两侧法兰螺栓,取下旧阀门,取掉旧法兰垫片。

(5) 用三角刮刀清理管线两侧法兰面,清理水纹线。

(6) 安装新阀门,阀门应处于关闭状态,截止阀、止回阀、减压阀有安装方向要求,水平管道上的阀门,阀杆方向不应垂直向下安装，两侧法兰对角安装3条法兰螺栓。

（7）在新法兰垫片两面均匀涂抹黄油，安装法兰垫片，调整法兰垫片居中。

（8）安装第4条法兰螺栓，对角均匀紧固法兰螺栓，检查法兰间隙是否均匀。

（9）关闭放空阀门，打开更换的新阀门。

（10）侧身缓慢稍开下流阀门，试压。

（11）检查无渗、漏现象后，开下流阀门、上流阀门至最大后返回半圈，关闭旁通阀门。

（12）收拾工具，清理现场。

操作安全提示：

（1）正确倒流程，严禁带压操作。

（2）使用F形扳手时开口向外，开关阀门侧身、缓慢、平稳操作，严禁手臂超过丝杠。

（3）安装阀门时注意液体进出方向。

45. 安装压力变送器操作

准备工作：

（1）正确穿戴劳动保护用品。

（2）校验合格的压力变送器1台。

（3）工具、用具、材料准备：MF500型数字式万用表1块，200mm、300mm活动扳手各1把，150mm×4mm十字形螺钉旋具1把，150mm尖嘴钳1把，生料带、绝缘胶带及压力表密封垫片若干。

操作程序：

（1）打开配电柜，查看电路图找到对应变送器位号，切断相应位号变送器的熔断器电源，如无熔断器，可拆除电源正极并做好绝缘。

（2）关闭压力变送器控制阀门，打开放空阀泄压，卸下压力变送器后盖，用万用表确认无电，拆除24V直流电源连线及信号线（四线制），卸下防爆软管接头，卸下旧压力变送器。

（3）在校验合格的压力变送器接头处逆时针方向缠绕生料带，安装压力变送器并紧固。

（4）关闭放空阀，稍开压力变送器控制阀门，检查有无泄漏。

（5）打开新装压力变送器后盖，安装防爆管，接通配电柜PLC上的24V直流电源，用万用表在压力变送器的接线端子处测量电源正负极，断开配电柜PLC上的24V直流电源。

（6）连接24V直流电源连接线及信号线，接通配电柜PLC上的24V直流电源，用万用表在压力变送器的接线端子处测量信号正常。

（7）安装防爆软管接头、压力变送器后盖。

（8）填写更换记录。

（9）收拾工具，清理现场。

操作安全提示：

（1）压力变送器应尽量安装在温度梯度和温度波动小的地方，尽量避免振动和冲击。

（2）腐蚀性的或过热的介质不应与变送器直接接触。

（3）防止固体颗粒或黏度很大的介质在引压管内沉积。

（4）引压管应尽可能短。

（5）现场有气体泄漏时不得打开表盖。

（6）变送器表盖必须完全旋合，以达到防爆要求。

(7) 应避免信号线和表壳相接触,否则会烧坏自控设备。

(8) 信号线正、负极不得接反。

46. 安装温度变送器操作

准备工作:

(1) 正确穿戴劳动保护用品。

(2) 校验合格的温度变送器1个。

(3) 工具、用具、材料准备:MF500型数字式万用表1块,200mm、300mm活动扳手各1把,150mm×4mm十字形螺钉旋具1把,150mm尖嘴钳1把,生料带、绝缘胶带、导热油若干。

操作程序:

(1) 打开配电柜,查看电路图找到对应变送器位号,切断相应位号变送器的电源,如无熔断器,可拆除电源正极并做好绝缘。

(2) 打开温度变送器后盖,拆下24V直流电源信号线,用绝缘胶带做好标记,并做好绝缘,卸下防爆软管接头,使用活动扳手卸下旧温度变送器。

(3) 检查温度变送器底座中导热油有无变质,如变质进行更换。

(4) 在校验合格的温度变送器接头处逆时针方向缠绕生料带,安装温度变送器并紧固。

(5) 打开新装温度变送器后盖,安装防爆管。

(6) 接通配电柜PLC上的24V直流电源,用万用表在温度变送器的接线端子处测量电源正负极,断开配电柜PLC上的24V直流电源。

(7) 连接24V直流电源连线及信号线,接通配电柜PLC上的24V直流电源,用万用表在温度变送器的接线端子处测量信号正常。

(8) 安装防爆软管接头、温度变送器后盖。

(9) 填写更换记录。

(10) 收拾工具,清理现场。

操作安全提示:

(1) 温度测量的要求:物体之间要达到热平衡,因此,需要等待被测介质与测温元件之间的热交换充分进行。

(2) 温度测量时,需保证测温元件与被测介质之间的导热油不缺及未变质。

(3) 现场有气体泄漏时不得打开表盖。

(4) 变送器表盖必须完全旋合,以达到防爆要求。

(5) 应避免信号线和表壳相接触,否则会烧坏自控设备。

(6) 信号线正、负极不得接反。

47. 识别计量间通用风险点源及风险消减措施

(1) 工艺流程处风险点源:磕碰伤害、坠落伤害、油气泄漏、火灾爆炸。

消减措施:

① 在安全区域内行走和操作。将凸出部分进行钝化处理。

② 检查确认设备、阀门及管线无渗漏现象。将出现砂眼部位及时维修。

③ 严格按照操作规程,保证油气分离器在规定压力下运行。当计量时出现分离器超压现象时,及时将计量井倒出分离器。

(2) 工具使用风险点源:磕碰伤害。

消减措施:

① 正确穿戴劳动保护用品。

② 严格遵守工具使用规定,严禁抛、扔工具。

③及时清洁、维修和更换损坏的工具，并妥善保管。

（3）巡检行走风险点源：跌倒伤害、磕碰伤害。

消减措施：

①保持地面干净、干燥，正确穿着工鞋等劳动保护用品。

②在安全区域内行走，与风险部位保持安全距离。

③将凸出部位进行钝化处理。

 常见故障判断处理

1. 游梁式抽油机井驴头不对准井口中心故障有什么现象？故障原因有哪些？如何处理？

故障现象：

（1）抽油杆偏磨。

（2）光杆密封圈密封效果差，密封盒漏油。

（3）抽油机振动。

故障原因：

（1）抽油机安装质量不合格，使驴头与井口不对中。

（2）抽油机井生产过程中发生连杆断、曲柄销脱出等故障，导致游梁偏扭。

（3）抽油机基础倾斜或修井过程中操作不当，造成采油树不正。

（4）中央轴承损坏，造成游梁向一侧倾斜。

处理方法：

（1）将驴头停在近下死点，卸掉载荷，刹紧刹车，用吊线锤拴在悬绳器中心使其自然下垂，检查对中情况。

（2）调整驴头顶丝。

(3) 调整游梁中轴承座顶丝。

(4) 更换中央轴承。

2. 抽油机井驴头运行至下死点时，井下有碰击声的故障原因有哪些？如何处理？

故障原因：

(1) 防冲距过小。

(2) 光杆载荷卡子不紧，光杆下滑发生碰泵。

处理方法：

重新调整防冲距。

3. 抽油机井光杆烫手、发黑的故障原因有哪些？如何处理？

故障原因：

(1) 密封盒过紧。

(2) 油井不出油。

处理方法：

(1) 调整密封盒松紧适度。

(2) 查找不出油的原因并处理。

4. 抽油机井光杆或光杆以下1～2根抽油杆脱扣故障有什么现象？故障原因有哪些？如何处理？

故障现象：

(1) 电动机载荷上、下冲程差别大。

(2) 油井不出油。

(3) 机杆不同步。

故障原因：

抽油杆与接箍螺纹连接处未上紧。

处理方法：

(1) 停机，关井。

(2) 下放光杆对扣。

(3) 重新调整防冲距。

5. 游梁式抽油机井悬绳器毛辫子打扭的故障原因有哪些？如何处理？

故障原因：

(1) 毛辫子有断股现象。

(2) 毛辫子两侧长度不一致。

(3) 光杆与井口中心不对中。

(4) 悬绳器安装质量不合格。

处理方法：

(1) 重新更换毛辫子。

(2) 调整毛辫子，使两侧长度一致。

(3) 调对中。

(4) 正确安装悬绳器。

6. 游梁式抽油机井悬绳器毛辫子偏向驴头一边的故障原因有哪些？如何处理？

故障原因：

(1) 驴头制作不正。

(2) 游梁倾斜或歪扭。

(3) 底座安装不正。

(4) 中轴轴承损坏塌落。

处理方法：

(1) 在驴头插销下面加垫子。

(2) 在支架平台一边加垫子。

(3) 调整底座水平。

(4) 校正游梁。

(5) 更换中轴。

7. 游梁式抽油机井悬绳器毛辫子拉断的故障原因有哪些？如何处理？

故障原因：

（1）毛辫子中的麻芯断，造成钢丝绳间互相摩擦，钢丝受到严重损伤，导致拉断。

（2）毛辫子受到外力严重损伤，同部位断丝超过3根，而检查时没有及时更换，导致钢丝绳拉断。

（3）钢丝绳头与灌注的绳帽强度不够，使绳帽与钢丝绳脱落。

（4）卡泵等原因造成载荷异常增大。

处理方法：

（1）更换新的毛辫子或调节驴头调整螺栓。

（2）提高绳帽灌注质量。灌绳锥套的总长度不得超过100mm，灌注时应在绳头上打入2～3根三角铁钎，起到胀开作用，避免拉脱。

（3）保证热洗质量，及时发现并处理井下故障。

8. 游梁式抽油机井游梁不正故障有什么现象？故障原因有哪些？如何处理？

故障现象：

（1）驴头歪。

（2）支架轴承有异响。

（3）驴头与井口不对中。

故障原因：

（1）抽油机组装不合格。

（2）调冲程、换曲柄销子操作不当，造成游梁偏扭。

（3）两根连杆长度不一致。

处理方法：
(1) 重新组装抽油机。
(2) 校正游梁。
(3) 更换长度相同的连杆。

9. 游梁式抽油机井游梁顺着驴头方向前移故障有什么现象？故障原因有哪些？如何处理？

故障现象：
光杆未对正井口中心，光杆被驴头顶着上升，有异响，振动增加。

故障原因：
中央轴承座固定螺栓松，前部的两条顶丝未顶紧中央轴承座，使游梁向驴头方向产生位移。

处理方法：
用顶丝将中央轴承座顶回原位，上紧固定螺栓。

10. 游梁式抽油机井尾轴承座螺栓松动故障有什么现象？故障原因有哪些？如何处理？

故障现象：
尾轴承固定螺栓弯曲、剪断，有异响，轴承座产生位移。

故障原因：
(1) 游梁上焊接的止板与横梁尾轴承座之间有空隙存在。
(2) 支座表面有脏物，紧固固定螺栓时，未紧贴在支座表面上。
(3) 尾轴承座后部穿过止板拉紧尾轴承座的螺栓未上紧或无止退螺母。
(4) 尾轴承座 4 条固定螺栓松动，或无止退螺母。

处理方法：
(1) 止板有空隙时，可在止板上加焊其他金属板。

(2) 清理支座表面。

(3) 上紧拉紧螺栓、固定螺栓,安装止退螺母,画安全线加密检查。

11. 游梁式抽油机井连杆销响或外窜的故障原因有哪些？如何处理？

故障原因：

(1) 连杆销干磨。

(2) 连杆销变形。

(3) 拉紧螺栓松。

(4) 定位螺栓松。

(5) 游梁不正。

处理方法：

(1) 加注黄油。

(2) 更换变形的连杆销。

(3) 紧固拉紧螺栓、定位螺栓。

(4) 校正游梁。

12. 游梁式抽油机井连杆拉断的故障原因有哪些？如何处理？

故障原因：

(1) 连杆销被卡住。

(2) 连杆单边受力。

(3) 连杆钢管（工字钢）或铸件存在严重缺陷。

处理方法：

(1) 正确安装连杆销。

(2) 消除不平衡现象，重新找正。

(3) 成对更换质量合格的连杆。

13. 游梁式抽油机井连杆刮碰曲柄平衡块故障有什么现象？故障原因有哪些？如何处理？

故障现象：

当抽油机运转到某一位置时发出异响，连杆和平衡块发生摩擦的部位有明显痕迹。

故障原因：

(1) 游梁安装不正，游梁中心线与底座中心线不重合。

(2) 平衡块铸造不符合标准，凸起部分过高。

处理方法：

(1) 调整游梁位置，使游梁中心线与底座中心线重合在一条直线上。

(2) 磨掉平衡块上凸起过高部分。

14. 游梁式抽油机井平衡块固定螺栓松动故障有什么现象？故障原因有哪些？如何处理？

故障现象：

(1) 上、下冲程各有一次有规律的异响。

(2) 平衡块掉落地面，曲柄牙磨掉。

(3) 固定螺栓部位有水锈痕迹。

故障原因：

(1) 曲柄平面与平衡块之间有油污或脏物。

(2) 平衡块固定螺栓、锁块螺栓松动。

处理方法：

(1) 清理曲柄平面与平衡块之间的油污或脏物。

(2) 紧固平衡块固定螺栓、锁块螺栓。

15. 游梁式抽油机井曲柄销响的故障原因有哪些？如何处理？

故障原因：

(1) 冕形螺母松动。

(2) 曲柄销键损坏。

(3) 曲柄销和衬套的锥度配合不好。

(4) 曲柄销轴承损坏。

处理方法：

(1) 紧固冕形螺母。

(2) 更换曲柄销键。

(3) 更换与曲柄销锥度相适应的衬套。

(4) 更换曲柄销。

16. 游梁式抽油机井曲柄在输出轴上发生外移故障有什么现象？故障原因有哪些？如何处理？

故障现象：

曲柄在输出轴上向外移，从后面看抽油机连杆不是垂直而是下部向外，严重时曲柄销脱出，造成翻机事故。

故障原因：

(1) 曲柄拉紧螺栓松动或断。

(2) 曲柄键不合格，输出轴键槽与曲柄键槽有问题。

处理方法：

(1) 紧固或更换曲柄拉紧螺栓。

(2) 更换键或加工异形键。

17. 游梁式抽油机井曲柄销在曲柄圆锥孔内松动或轴向外移拔出故障有什么现象？故障原因有哪些？如何处理？

故障现象：

周期性的"轧轧"声，严重时，地面上有闪亮的铁屑，曲柄销脱出，发生翻机事故。

故障原因：

(1) 曲柄销上的止退螺母松动或未安装开口销，使冕形螺母退扣。

(2) 安装曲柄销时衬套内有脏物。

(3) 曲柄销衬套的圆锥面已被磨损。

(4) 销轴与衬套的接合面积不够，销轴与衬套加工质量不合格。

处理方法：

(1) 紧固冕形螺母、止退螺母，安装开口销。

(2) 将旧销打出冲程孔，清理衬套内部，检查衬套是否磨损。

(3) 检测曲柄销轴与衬套的配合情况。在衬套里抹上黄油，将曲柄销轴插入衬套内压紧，再拉出来看销轴上有多少面积粘有黄油，即可看到销轴与衬套的接合面积有多少，加工合格的销套（其接合面积应达到 65% 以上），如果接合面积很小，可视为加工不合格，应更换。

18. 游梁式抽油机井减速箱漏油的故障原因有哪些？如何处理？

故障原因：

(1) 减速箱内润滑油过多。

(2) 合箱口不严，螺栓松或没抹箱口胶。

(3) 减速箱回油槽堵。

(4) 油封失效或唇口磨损严重。

(5) 减速箱呼吸阀堵塞，减速箱内压力增大。

处理方法：

(1) 放掉减速箱内多余的润滑油，箱内油面应在看窗的 1/3～2/3。

(2) 箱口不严可重新进行组装。

(3) 检查回油槽是否有脏物堵塞，清理干净。

(4) 油封损坏时应更换或在二级保养时更换。

(5) 拆洗、清理呼吸阀。

19. 游梁式抽油机井减速箱内有不正常敲击声的故障原因有哪些？如何处理？

故障原因：

(1) 齿轮制造质量差。

(2) 减速箱有窜轴现象。

(3) 输出轴轴承磨损或损坏。

(4) 齿轮倾斜角不正确。

(5) 抽油机严重不平衡。

(6) 冲次太快。

处理方法：

(1) 修理或更换减速箱。

(2) 调整平衡至规定要求。

(3) 调慢冲次。

20. 游梁式抽油机井减速箱轴承发热或有特殊响声的故障原因有哪些？如何处理？

故障原因：

(1) 润滑油不足或变质失效。

(2) 轴承盖或密封部分松动。

(3) 轴承磨损或损坏。

(4) 轴承跑外圆。

(5) 齿轮制造不精确。

处理方法：

(1) 加注或更换润滑油。

(2) 紧固轴承盖螺栓。

(3) 更换轴承、用垫片调整间隙。

21. 游梁式抽油机井减速箱大皮带轮松动滚键故障有什么现象？故障原因有哪些？如何处理？

故障现象：

在运转时减速箱大皮带轮晃动，有异常声响。

故障原因：

（1）大皮带轮端头的固定螺栓松动，皮带轮外移。

（2）大皮带轮键不合适。

（3）输入轴键槽不合适。

处理方法：

（1）紧固大皮带轮的端头螺栓，锁紧止退锁片。

（2）更换大皮带轮键，检查输入轴键槽是否有损坏，如有损坏应更换输入轴，如果键槽完好，即可根据键槽重新加工键。

22. 游梁式抽油机井皮带松弛故障有什么现象？故障原因有哪些？如何处理？

故障现象：

皮带有跳动、打滑、波浪状起伏的现象，并伴有异常声响。

故障原因：

（1）使用的皮带型号不符，长度不一致。

（2）电动机滑轨的固定螺栓、顶丝松动。

（3）电动机固定螺栓松动。

（4）皮带拉长。

处理方法：

（1）选择型号相符的皮带。

（2）紧固松动的固定螺栓，顶紧顶丝。

（3）调整皮带的松紧度。单根皮带翻转180°松手即能恢复到原样为合适，联组皮带手掌下压1～2指松开即可复位为合适。

23. 游梁式抽油机井刹车不灵活或自动溜车故障有什么现象？故障原因有哪些？如何处理？

故障现象：

（1）刹车时不能停在预定的位置。

（2）松刹车时刹车把推不动。

（3）刹车后，曲柄自动下滑。

故障原因：

（1）刹车行程未调节好。

（2）刹车片严重磨损。

（3）刹车片被润滑油污染，未起到制动作用。

（4）刹车中间座润滑不好或大小摇臂有一个卡死，拉到位置后刹车仍不起作用。

处理方法：

（1）调整刹车行程在 1/2～2/3，并调整刹车凸轮位置，保证刹车时刹车蹄片能同时张开。

（2）更换严重磨损的刹车蹄片，取下旧刹车片，重新铆上新刹车片。

（3）清理刹车毂里的油迹，保障刹车毂与蹄片之间无脏物、油污，如果油封漏油应更换油封。

（4）把刹车中间座拆开，清理油道、加注黄油，调整好两摇臂位置，不得有刮卡现象。

24. 游梁式抽油机井电动机无法启动的故障原因有哪些？如何处理？

故障原因：

（1）控制电源开关未合上。

（2）熔断器熔断。

(3) 过载保护动作后，未及时复位。

(4) 启动按钮失灵。

(5) 电动机保护装置线路接错。

(6) 三相电源缺相。

(7) 未松刹车。

(8) 电动机轴承卡死。

处理方法：

(1) 合上控制电源开关。

(2) 更换熔断器。

(3) 及时复位过载保护。

(4) 检修或更换启动按钮。

(5) 检查电动机保护装置线路。

(6) 维修解除电路故障。

(7) 松刹车。

(8) 更换电动机轴承。

25. 游梁式抽油机井烧坏电动机的故障原因有哪些？如何处理？

故障原因：

(1) 接错线，三相电源缺相。

(2) 抽油机载荷过大，电控箱内的保护元件失灵。

(3) 电控箱内电流调整值调节过大，长时间超载运转导致电动机烧坏。

(4) 定子与转子相互摩擦。

(5) 定子绕组短路或绕组接地。

(6) 电动机长期未保养，轴承干磨。

处理方法：

(1) 检查相间绝缘和对地绝缘，用欧姆表测定其电阻值不得低于 0.5MΩ。

（2）选择与抽油机载荷相匹配的电动机。

（3）重新调整电控箱内电流保护值。

（4）检修电动机。

（5）及时按标准保养电动机。

26. 游梁式抽油机启动时，电动机不转动，有很大"嗡嗡"声的故障原因有哪些？如何处理？

故障原因：

（1）一相无电，三相电压不平衡。

（2）制动未松开或电动机输出端遇卡。

（3）启动器触点烧坏或接触不良。

（4）电动机接线盒接线螺栓松动。

（5）抽油机载荷过重。

处理方法：

（1）检查电路，排除故障。

（2）松开刹车，查找遇卡原因并解卡。

（3）检修或更换触点。

（4）紧固电动机接线盒内接线螺栓。

（5）查明过载原因，进行处理。

27. 游梁式抽油机井电动机轴承发热、温度过高的故障原因有哪些？如何处理？

故障原因：

（1）润滑不良。

（2）油环卡住或旋转太慢。

（3）轴承油槽被脏物堵塞或磨平。

（4）轴承质量不合格。

（5）电动机风扇损坏。

处理方法：

(1) 定期检查、加注润滑油。

(2) 清理调整油环。

(3) 清理轴承油槽内脏物。

(4) 检修或更换新的轴承。

(5) 检修或更换电动机风扇。

28. 抽油机井电动机运行三相电流不平衡的故障原因有哪些？如何处理？

故障原因：

(1) 三相电压不平衡。

(2) 电动机相间或匝间短路。

(3) 接线错误。

(4) 启动器接触不良，使电动机线圈局部断路。

处理方法：

(1) 检查电路，测量相间绝缘。

(2) 正确接线。

(3) 检修或更换启动器。

29. 游梁式抽油机井电动机振动的故障原因有哪些？如何处理？

故障原因：

(1) 电动机滑轨固定螺栓松动，滑轨不水平或有悬空现象。

(2) 电动机固定螺栓松动。

(3) 电动机底座有悬空现象。

(4) 电动机轴弯曲。

(5) 皮带"四点一线"未调整好。

处理方法：

(1) 紧固电动机滑轨固定螺栓，调整滑轨水平。

(2) 紧固电动机固定螺栓。

(3) 扶正垫铁,紧固电动机底座固定螺栓。

(4) 检修保养电动机,校正电动机轴。

(5) 调整皮带"四点一线"。

30. 游梁式抽油机井翻机的故障原因有哪些?如何处理?

故障原因:

(1) 中、尾轴固定螺栓松断。

(2) 曲柄销断或脱出。

(3) 连杆断或连杆销脱出。

(4) 横梁断。

(5) 中、尾轴轴承损坏。

处理方法:

(1) 停机检修。

(2) 定期维修保养或更换配件。

(3) 安装防翻机装置。

31. 游梁式抽油机振动故障有什么现象?故障原因有哪些?如何处理?

故障现象:

抽油机支架摆动,底座和支架振动,电动机发出不均匀响声。

故障原因:

(1) 井下发生刮卡等故障、井口不对中、抽油机载荷过大、平衡状况差。

(2) 连接固定螺栓松动或配合不当。

(3) 底座或基础有悬空。

(4) 减速箱齿轮、曲柄键松动或损坏。

处理方法：

（1）解除井下故障，调整对中、平衡，选择合适的抽油机或查出载荷大的原因予以消除。

（2）紧固各部位固定螺栓。

（3）垫平底座与基础悬空之处。

（4）检查齿轮、曲柄键。

32. 抽油机井下发生漏失故障的原因有哪些？如何处理？

故障原因：

（1）油管漏。

（2）活塞与衬套的配合间隙过大。

（3）抽油泵零件磨损。

（4）井内液体含有腐蚀性物质。

（5）油井出砂或结蜡。

处理方法：

（1）进行检泵作业。

（2）井下加装防砂筛管。

（3）进行常规热洗或用高压热洗车洗井。

33. 抽油机井生产回压高的故障原因有哪些？如何处理？

故障原因：

（1）进站、计量间的管线结垢。

（2）回油温度低，造成管线堵塞。

（3）管线结蜡。

（4）进站、计量间的阀门闸板脱落。

（5）管径细，流量与管径不匹配。

处理方法：

（1）管线除垢，更换结垢部位管线。

（2）提高掺水温度。

(3) 冲（热）洗地面管线。

(4) 修复或更换阀门。

(5) 更换管径与流量匹配的管线。

34. 抽油机井作业完开井后出油不正常或不出油的故障原因有哪些？如何处理？

故障原因：

(1) 井筒内有脏物、泵的入口或阀座堵塞。

(2) 作业压井措施不当，油层污染。

(3) 抽油杆断脱。

(4) 卡封、改层后，新层位供液能力弱。

(5) 固定阀座或游动阀座不严。

(6) 活塞未进入工作筒。

(7) 油管漏失。

处理方法：

(1) 用高压泵车向油管、套管环形空间打压解堵。

(2) 采取酸化或压裂措施解堵。

(3) 捞杆。

(4) 重新调整防冲距。

(5) 采用碰泵、热洗等方法处理。

(6) 作业。

35. 塔架式抽油机井整机工作不平稳的故障原因有哪些？如何处理？

故障原因：

(1) 地基松软，塔架倾斜。

(2) 地脚螺栓松动。

(3) 抽油机冲次过高。

(4) 机组缺少润滑油。

处理方法：

(1) 夯实地基，校正塔架。

(2) 紧固地脚螺栓。

(3) 调整油井工作参数。

(4) 检查、补充润滑油。

36. 塔架式抽油机井电动机发热，声音不正常的故障原因有哪些？如何处理？

故障原因：

(1) 平衡率差。

(2) 抽油机过载。

(3) 电路接触不良。

处理方法：

(1) 调整平衡。

(2) 调整参数、更换合适功率电动机。

(3) 检查、整改电路。

37. 塔架式抽油机井噪声太大，有异常响声的故障原因有哪些？如何处理？

故障原因：

(1) 机内部件松动或脱落。

(2) 机组润滑不良。

(3) 链条过松。

(4) 导向轮橡胶件损坏或间隙大。

(5) 平衡率差。

处理方法：

(1) 检查并修理相应部件。

(2) 检查并补充润滑油。

(3) 调整链条松紧度。

(4) 更换导向轮或调整间隙。

(5) 调整平衡。

38. 塔架式抽油机井带负荷时自动停机并自动刹车（欠速报警）的故障原因有哪些？如何处理？

故障原因：

带负荷时，平衡箱上举速度较低，冲次值低于设定下限值（自动保护）。

处理方法：

(1) 调整冲次下限值。

(2) 将欠速报警时间延时值调大。

39. 塔架式抽油机井带负荷时自动停机并自动刹车（过载保护）的故障原因有哪些？如何处理？

故障原因：

抽油机上举平衡箱时，负载电流大，电动机过载保护的设定值小（过载保护）。

处理方法：

调整电动机过载保护电流值。

40. 塔架式抽油机井首次启动操作开关无反应的故障原因有哪些？如何处理？

故障原因：

(1) 无电。

(2) 电源缺相。

(3) 操作开关损坏。

(4) 控制线路熔断器损坏。

(5) 相变压器损坏。

处理方法：

(1) 使用万用表检测各部位电压状态。

(2) 检查操作开关，测量通过开关的两线在开关闭合时是否导通。

(3) 使用万用表检测熔断器。

(4) 使用万用表检测初级、次级电压。

41. 电动潜油泵井选择开关无论放在手动还是自动位置都发生自动启泵的故障原因有哪些？如何处理？

故障原因：

(1) 中间继电器卡死，不能复位。

(2) 中心控制器失效，不能自控。

处理方法：

维修、更换中间继电器、中心控制器。

42. 电动潜油泵井启动时，井下机组不能启动的故障原因有哪些？如何处理？

故障原因：

(1) 电源没有连接或断开。

(2) 控制屏控制线路发生故障。

(3) 地面电压过低。

(4) 电缆或电动机短路或绝缘损坏。

(5) 泵、保护器、电动机机械故障。

(6) 油稠、黏度大、死油过多，结蜡严重，钻井液未替喷干净。

处理方法：

(1) 检查三相电源、变压器、熔断器。

(2) 检查控制屏控制线路，即检查过载继电器整定值是否过小、检查控制屏的控制电压是否正常、检查控制屏控制线路熔断器是否完好，并排除故障。

(3) 根据电动机额定电压和电缆压降计算出地面所需

电压,调整变压器挡位到正常值。

(4) 检查井下机组对地绝缘电阻、相间直流电阻,如绝缘达不到要求,则应检泵。

(5) 作反向启动试验,如达不到要求,则应检泵。

(6) 用低于60℃热水洗井,然后再启泵。

43. 电动潜油泵井井下机组运行电流偏高的故障原因有哪些?如何处理?

故障原因:

(1) 机组安装在弯曲井眼的弯曲处。

(2) 电压过高或过低。

(3) 排量大时泵反转。

(4) 机组安装卡死在封隔器上。

(5) 井液黏度或密度过大。

(6) 泵级数过多。

(7) 有泥砂或其他杂质。

处理方法:

(1) 适当上提或下放几根油管。

(2) 根据需要调整电压值。

(3) 控制排量。

(4) 选择合适泵型,重新安装,严重的可选择其他抽油方式。

44. 电动潜油泵井在正常运转过程中停机,且因为电流高而不能再启动的故障原因有哪些?如何处理?

故障原因:

(1) 井区有大风或雷电,高压熔断器熔断丝被烧断。

(2) 电网电压波动或电源线容量低。

(3) 管路和集输系统有大量的泥砂或其他堵塞物。

(4) 机组运行时间长,井内出砂、钻井液等,止退垫和轴承磨损引起摩擦阻力大。

处理方法:

(1) 更换高压熔断器或熔断丝。

(2) 仔细检查和分析,必要时需要更大规格的电源线,更大容量的变压器或电容器。

(3) 清理干净管路和集输系统中泥砂或其他堵塞物。

(4) 作业检泵或更换机组。

45. 电动潜油泵井因电流偏低而停机的故障原因有哪些?如何处理?

故障原因:

(1) 泵气锁。

(2) 泵抽空。

(3) 欠载值调整不合适。

(4) 在无系统电源的地区使用发电机,而发电机转速偏低。

处理方法:

(1) 合理控制套压。

(2) 合理调整电泵井工作参数。

(3) 液体负荷轻但又供液充足时,可适当将欠载保护值调低。

(4) 将发电机调到正常转速。

46. 电动潜油泵井欠载停机的故障原因有哪些?如何处理?

故障原因:

(1) 油层供液不足。

(2) 气体影响。

(3) 欠载电流整定值偏高。

(4) 油管漏失严重。

(5) 电路故障。

(6) 井下机组故障（如泵轴断、电动机空转）。

处理方法：

(1) 提高连通注水井注水量，改善注采关系。

(2) 合理控制套压，更换分离器或加深泵挂。

(3) 合理调整欠载电流整定值。

(4) 作业更换油管。

(5) 检修电路。

(6) 作业检泵或更换机组。

47. 电动潜油泵井过载停机的故障原因有哪些？如何处理？

故障原因：

(1) 正常过载停机：

① 井液密度、黏度增大。

② 洗井不彻底，井内有杂质。

③ 油管或地面管线结蜡。

④ 雷击造成缺相。

⑤ 机组本身故障（机组磨损、电动机过热）。

(2) 瞬间过载停机：

① 电动机、电缆、电缆头烧坏。

② 控制屏有问题，如主回路某一相或记录仪、主控线路虚接，高压熔断器烧坏。

③ 电干扰，如雷击、变压器输出电压低。

④ 套管变形卡泵。

处理方法：

(1) 洗井，下泵前冲砂，同时对出砂井要考虑上提机组。

(2) 清蜡和热洗地面管线。

(3) 查找瞬间过载原因，并进行相应处理。

(4) 更换机组。

48. 电动潜油泵井油嘴堵的故障原因有哪些？如何处理？

故障原因：

(1) 油嘴结垢，直径变小。

(2) 井液密度大，有杂质。

(3) 清蜡后，蜡块堵塞。

处理方法：

(1) 疏通油嘴。

(2) 更换油嘴。

49. 电动潜油泵井产液少或不出油的故障原因有哪些？如何处理？

故障原因：

(1) 油管漏失。

(2) 泵吸入口被堵。

(3) 回油管路堵塞或阀门关闭。

(4) 泵的总压头不够。

(5) 泵轴、保护器轴或电动机轴断裂。

(6) 转向不对。

(7) 抽空或动液面太低。

(8) 油管结蜡堵塞。

处理方法：

(1) 憋压，如漏失，需作业更换油管。

(2) 将泵提出清理，有时可反转解堵。

(3) 检查管路回压，采用适当措施清理管道。

(4) 重新检查选井、选泵设计。

(5) 将机组起出，更换损坏部位。

(6) 从地面接线盒处调换任意两根导线的接头，试转。

(7) 测动液面，调小油嘴、换小泵。

(8) 检查地面流程、阀门，热洗地面管线。

(9) 油管清蜡。

50. 电动潜油泵井憋压时油压不升或上升缓慢的故障原因有哪些？如何处理？

故障原因：

(1) 油管断脱、泵漏失严重。

(2) 气体影响。

(3) 供液不足。

处理方法：

(1) 进行检泵作业。

(2) 调小油嘴、换小泵、加强周边注水井的注入能力。

51. 电动潜油泵井回压过高的故障原因有哪些？如何处理？

故障原因：

(1) 倒错流程。

(2) 回油管线冻堵、结垢。

(3) 油井产液量高，管线直径小。

(4) 系统压力高。

处理方法：

(1) 正确倒流程。

(2) 管线进行解堵、清垢。

(3) 合理控制排量，更换大直径管线。

(4) 查找系统压力高原因，及时处理。

52. 螺杆泵井井口漏油的故障原因有哪些？如何处理？

故障原因：

（1）法兰盘密封钢圈或钢圈槽损坏，法兰螺栓未均匀紧固。

（2）机械密封失效。

（3）密封盒压帽未上紧。

（4）放油丝堵未安装好或 O 形密封圈损坏。

处理方法：

（1）重新紧固法兰螺栓，严重的需停机修复、更换法兰或钢圈。

（2）更换机械密封。

（3）添加新密封填料，上紧密封盒压帽。

（4）重新安装、更换放油丝堵，更换新 O 形密封圈。

53. 螺杆泵井光杆不随电动机转动的故障原因有哪些？如何处理？

故障原因：

（1）卡泵，光杆上顶。

（2）方卡子未紧固，杆柱落井底。

处理方法：

（1）热洗或高压热洗处理卡泵。

（2）上提防冲距，打紧方卡子。

54. 螺杆泵井运行电流高于正常值的故障原因有哪些？如何处理？

故障原因：

（1）油井结蜡严重。

（2）流程（管线）有堵塞。

（3）定子橡胶胀大。

处理方法：

（1）采取常规或高压热洗清蜡，重新制定热洗周期。

（2）对管线解堵。

（3）定子橡胶胀大，一般发生在新泵下井初期，正常运转一段时间后电流高的现象就会消失。

55. 螺杆泵井运行电流接近正常值，但排量效率较低的故障原因有哪些？如何处理？

故障原因：

（1）长期运转，泵定子橡胶磨损严重、失效。

（2）泵漏失严重。

（3）气体影响或供液不足。

处理方法：

（1）检泵。

（2）合理控制套压，调低转速、换小泵。

56. 螺杆泵井运行电流低于正常值的故障原因有哪些？如何处理？

故障原因：

（1）抽油杆断脱，油管断脱。

（2）管柱漏失，泵漏失。

（3）定子橡胶掉块、脱胶。

处理方法：

作业检泵。

57. 螺杆泵井通电后电动机未转动（无异响、异味、冒烟现象）的故障原因有哪些？如何处理？

故障原因：

（1）电源未通（至少两相未通）。

（2）熔断器熔体熔断（至少两相熔断）或断路器跳闸。

(3) 过流继电器调整过小。

(4) 控制设备接线错误。

处理方法：

(1) 检查电源回路开关、熔断器（断路器）、接线盒，修复故障部位。

(2) 检查熔断器型号、熔断原因，更换熔体。

(3) 调节继电器整定值。

(4) 正确接线。

58. 螺杆泵井电动机启动困难，额定负载时，电动机转速低于额定转速较多的故障原因有哪些？如何处理？

故障原因：

(1) 电源电压过低。

(2) 电动机接线错误。

(3) 定子局部线圈接错。

(4) 修复电动机绕组时增加匝数过多。

(5) 电动机过载。

处理方法：

(1) 测量电源电压。

(2) 正确接线。

(3) 查找误接处，予以改正。

(4) 恢复正确匝数。

(5) 减载。

59. 螺杆泵井地面驱动装置运行噪声大的故障原因有哪些？如何处理？

故障原因：

(1) 驱动装置承载轴承磨损严重。

(2) 电动机轴承损坏。

处理方法：

(1) 更换驱动装置承载轴承。

(2) 更换电动机轴承、维修电动机。

60. 螺杆泵井驱动装置机械密封失效故障有什么现象？故障原因有哪些？如何处理？

故障现象：

(1) 井液泄漏到地面。

(2) 润滑油箱内液位升高，严重时从呼吸阀外窜。

故障原因：

(1) 密封件磨损老化。

(2) 井液中杂质过多。

处理方法：

(1) 更换机械密封。

(2) 采用井下防砂措施。

61. 螺杆泵井驱动装置承重轴承损坏故障有什么现象？故障原因有哪些？如何处理？

故障现象：

(1) 驱动温度升高。

(2) 运行电流升高。

(3) 负荷过大。

故障原因：

(1) 齿轮油变质。

(2) 添加了型号不一致的油品。

(3) 箱体长时间未清洗。

处理方法：

(1) 清洗驱动装置轴承箱。

(2) 更换合格齿轮油。

(3) 更换驱动装置承重轴承。

62. 螺杆泵井油管漏失的故障原因有哪些？如何处理？

故障原因：

(1) 油管螺纹损坏或未上紧。

(2) 杆柱与管柱偏磨。

(3) 井液中有腐蚀性物质。

处理方法：

(1) 紧固油管螺纹或更换油管。

(2) 采用抽油杆扶正器。

(3) 加药防腐。

63. 螺杆泵井蜡堵的故障原因有哪些？如何处理？

故障原因：

(1) 热洗质量不合格。

(2) 热洗周期不合理。

(3) 井下防蜡器失效。

处理方法：

(1) 提高热洗质量。

(2) 制定合理热洗周期。

(3) 选择高效井下防蜡器，对失效防蜡器进行更换。

64. 螺杆泵井杆断故障有什么现象？如何处理？

故障现象：

(1) 井口无产量。

(2) 憋泵时油压不升，工作电流接近空载电流。

处理方法：

作业。

65. 注水井注水量上升的故障原因有哪些？如何处理？

故障原因：

(1) 地面计量设备不准，造成记录数值偏高。

(2) 地面管线漏失或泵压升高。

(3) 封隔器失效、管外窜槽、油管脱节或螺纹连接处漏失、水嘴刺大或脱落、底部阀球与球座密封不严。

(4) 有新的小层吸水。

(5) 提高注水压力后，沟通了一些微小的裂缝。

(6) 有水淹层。

(7) 油水井采取压裂、酸化等增注措施后，使地层的吸水能力增加。

处理方法：

(1) 校对流量计。

(2) 封堵管线漏失处。

(3) 作业更换封隔器，维修油管，更换水嘴。

(4) 综合分析、调整。

66. 注水井注水量下降的故障原因有哪些？如何处理？

故障原因：

(1) 泵压下降。

(2) 计量仪器不准或计量段之前的管线穿孔。

(3) 管线堵、阀门闸板脱落。

(4) 水嘴或滤网堵、射孔孔眼堵塞。

(5) 水中脏物堵塞了地层孔道，造成吸水能力下降。

(6) 注水井井况变差，引起注水量下降。

(7) 油层压力回升，使注水压差减小。

处理方法：

(1) 提升泵压。

(2) 校对流量计，及时处理穿孔。

(3) 管线解堵、维修或更换阀门。

(4) 反洗井，解堵。

(5) 提高注水质量。

(6) 采取压裂、酸化措施。

(7) 根据油田开发方案综合调整。

67. 注水井油压升高的故障原因有哪些？如何处理？

故障原因：

(1) 泵压升高。

(2) 总阀门闸板脱落、井下管柱堵塞。

(3) 配水器滤网或水嘴堵塞。

(4) 地层的吸水能力下降、射孔孔眼堵塞。

处理方法：

(1) 稳定泵压。

(2) 维修或更换阀门，反洗井解堵。

(3) 提高注水质量。

(4) 采取压裂、酸化措施。

68. 注水井油压下降的故障原因有哪些？如何处理？

故障原因：

(1) 地面管线漏。

(2) 封隔器失效、管外水泥窜槽、底部单流阀密封不严、水嘴脱落或刺大、油管漏。

(3) 有水淹层。

(4) 采取增注措施后，地层的渗透率增加、地层欠注。

处理方法：

(1) 封堵管线漏失处。

(2) 作业更换封隔器，维修油管，更换水嘴。

(3) 综合分析、调整。

69. 注水井水表表芯停走的故障原因有哪些？如何处理？

故障原因：

(1) 安装水表芯时，表芯与表壳高度尺寸不符，压盖将表芯压坏或压紧。

（2）水表压盖安装偏斜，将计数器支架压歪或传动机构卡死。

（3）脏物卡住翼轮或中心齿轮。

（4）顶尖或轴套磨损严重，叶轮被叶轮盒壁卡住。

（5）投产时水表内未注满清水或操作不平稳，表芯受冲击而损坏。

（6）倒流程时，上游或下游阀门未打开。

处理方法：

（1）更换水表芯。

（2）调整水表压盖，达到不偏不斜、法兰间隙一致。

（3）拆洗水表芯体，清除脏物。

（4）修复、更换磨损严重的顶尖或轴套。

（5）投产前先让水表内注满清水，然后平稳缓慢打开上游阀门，全部打开后回半圈，再缓慢打开下游阀门控制水量。

70. 注水井水表水量计量误差大的故障原因有哪些？如何处理？

故障原因：

（1）顶尖磨损。

（2）中心齿轮严重磨损。

（3）滤网堵塞。

（4）齿轮传动机构有脏物。

（5）调节板与叶轮夹角不合适。

（6）水表选型不合理。

处理方法：

（1）更换顶尖。

(2) 更换中心齿轮。
(3) 清洗滤网。
(4) 清洗齿轮传动机构。
(5) 调整调节板与叶轮夹角。
(6) 选择型号合理的水表。

71. 注水井洗井不通故障有什么现象？故障原因有哪些？如何处理？

故障现象：
注水井倒好洗井流程后，水表不转动（流量计无瞬时水量），无水流声音。

故障原因：
(1) 倒错流程、阀门闸板脱落。
(2) 井下管柱堵塞或冻结。
(3) 油管底部球与球座关闭。
(4) 封隔器胶筒未收缩或封隔器洗井通道打不开。
(5) 井底砂面上升，砂堵住进液孔。

处理方法：
(1) 检查洗井流程，更换阀门。
(2) 疏通或解冻井下管柱。
(3) 作业更换封隔器。
(4) 作业冲砂。

72. 注水井管线穿孔故障有什么现象？故障原因有哪些？如何处理？

故障现象：
(1) 油压下降，注水量增加（计量仪器后穿孔）或减少（计量仪器前穿孔）。
(2) 有高压水从管线中刺出。

故障原因：

（1）管线腐蚀穿孔、砂眼。

（2）管线受外力重压、破坏。

处理方法：

（1）更换腐蚀严重的管线。

（2）补焊、修复。

73. 分层注水井油压、套压平衡的故障原因有哪些？如何处理？

故障原因：

（1）油管头窜水。

（2）保护封隔器以上油管渗漏或螺纹漏。

（3）保护封隔器失效。

（4）套管阀门不严。

处理方法：

（1）更换油管头密封圈。

（2）更换油管。

（3）更换保护封隔器。

（4）维修、更换套管阀门。

74. 注水井第一级封隔器失效故障有什么现象？故障原因有哪些？如何处理？

故障现象：

（1）当第一级封隔器以上有吸水层时：封隔器失效后，会导致全井吸水量上升，套压上升，油压下降，油压、套压接近平衡。

（2）当第一级封隔器以上无吸水层时：封隔器失效，将导致套压迅速上升，油压不变，使油压、套压平衡，注水量不变。

故障原因：

（1）封隔器胶皮筒变形或破裂，无法密封。

（2）配水器弹簧失灵及管柱底部单流阀不严，油管内外达不到封隔器胶筒胀开所需的压差。

（3）封隔器上部油管严重漏失。

处理方法：

作业更换封隔器。

75. 计量间量油时，关闭分离器出油阀门，磁浮子液位计翻柱指示器不转动的故障原因有哪些？如何处理？

故障原因：

（1）流程未倒通或油井不出油。

（2）液位计上、下控制阀门不通（堵塞或未开）。

（3）出油阀门或旁通阀门漏失严重。

（4）气平衡阀门未开，分压不断上升，液位计中液面在一定时间内不上升或上升缓慢。

（5）分离器严重缺底水，使原油进入液位计后，造成凝结油堵。

（6）油井故障停机（泵）。

（7）浮子出现卡阻现象，分离器内有液而液位计不显示。

处理方法：

（1）检查流程，分析、处理油井不出油故障。

（2）打开上、下控制阀门，清洗液位计。

（3）维修或更换阀门。

（4）打开气平衡阀门。

（5）冲洗分离器，及时补充底水。

（6）处理油井故障后启机（泵）。

（7）冲洗液位计。

76. 计量间量油时，磁浮子液位变化迟缓或跨越式变化的故障原因有哪些？如何处理？

故障原因：

（1）液位计内污物、杂质过量。

（2）冬季未注意保温，液位计内有冻堵。

（3）流程倒错造成憋压。

处理方法：

（1）清理液位计内污物。

（2）冬季应打开分离器采暖或将一口油井倒入分离器内，保持分离器内温度。

（3）检查并倒通流程。

77. 计量间安全阀不动作的故障原因有哪些？如何处理？

故障原因：

（1）开启压力高于规定压力。

（2）阀瓣被脏物粘住或阀门通道被堵塞。

（3）阀门运动部件被卡死。

（4）安全阀冻结。

（5）定压值过大，使介质压力达到规定值时阀门不能起跳。

处理方法：

（1）重新调整开启压力。

（2）清除阀瓣和阀座上的杂物。

（3）检查阀门，排除卡阻现象。

（4）阀门解冻。

（5）调整定压值。

78. 计量间安全阀提前开启的故障原因有哪些？如何处理？

故障原因：

（1）安全阀定压低于规定压力。

(2) 弹簧松弛或腐蚀，导致开启压力下降。

(3) 随着温度的升高，弹簧的弹力降低，导致阀门提前开启。

处理方法：

(1) 重新调整开启压力，使其等于规定压力。

(2) 更换弹簧。

(3) 换成带散热装置的安全阀。

79. 阀门阀杆转动不灵活的故障原因有哪些？如何处理？

故障原因：

(1) 密封填料压盖过紧。

(2) 阀杆或阀盖螺纹损坏。

(3) 阀杆与阀盖间的螺纹锈蚀或存在杂质。

(4) 阀杆弯曲变形。

处理方法：

(1) 适当松动密封填料压盖螺栓。

(2) 检修阀杆、阀盖螺纹。

(3) 清除阀杆螺纹上的铁锈、杂质，并加润滑油。

(4) 更换阀杆。

80. 阀门填料渗漏的故障原因有哪些？如何处理？

故障原因：

(1) 密封填料压盖过松。

(2) 密封填料不足或安装不符合要求。

处理方法：

(1) 对称压紧密封填料压盖。

(2) 添加或更换密封填料。

81. 法兰渗漏的故障原因有哪些？如何处理？

故障原因：

(1) 法兰固定螺栓松动。

(2) 法兰间隙不一致。

(3) 法兰面之间有杂物。

(4) 法兰垫片损坏。

(5) 流程倒错，系统超压。

处理方法：

(1) 对角紧固法兰螺栓。

(2) 调整法兰间隙一致。

(3) 清除法兰面之间的杂物。

(4) 更换新法兰垫片。

(5) 正确倒流程，防止系统超压。

82. 指针式压力表常见故障有什么现象？原因有哪些？如何处理？

故障现象：

(1) 指针不动。

(2) 指针跳动。

(3) 指针不落零。

故障原因：

(1) 压力表控制阀门未打开、导压孔堵塞。

(2) 指针和中心轴松动、扇形齿轮和啮合齿轮脱节。

(3) 游丝弹簧失效，传动件生锈或夹有杂物。

(4) 弹簧弯管失去弹力，指针松动。

处理方法：

(1) 打开压力表控制阀门。

(2) 疏通导压孔。

(3) 更换压力表。

83. 压力变送器故障有什么现象？原因有哪些？如何处理？

故障现象：

(1) 无任何显示。

(2) 有显示，但一直显示压力为零。

(3) 压力变送器显示读数不稳定。

(4) 压力变送器对压力变化没有响应。

故障原因：

(1) 电源无送电或电源引线断线，电源极性装反。

(2) 电子线路板损坏，接线端子锈蚀，接触不良。

(3) 管道设备内无压力，引压管堵塞或阀门没有打开。

(4) 压力超出测量范围。

处理方法：

(1) 检查电源线，重新送电。

(2) 检查并更换电子线路板。

(3) 检查管道内是否有压力，疏通管道并打开阀门。

(4) 重新校验零点、量程。

84. 温度变送器故障有什么现象？原因有哪些？如何处理？

故障现象：

(1) 显示值不稳定。

(2) 显示值过大。

(3) 显示值为负值。

(4) 显示温度明显与实际温度不符。

故障原因：

(1) 保护管内有金属杂质、灰尘，接线柱脏污。

(2) 接线端子松动，引出线断路。

(3) 电阻体短路，保护管内有潮气。

(4) 温度变送器模块老化，热电阻丝腐蚀变质。

(5) 温度变送器量程未校对或温度套管内未加装导热液。

处理方法：

(1) 检查清扫金属杂质及灰尘。
(2) 紧固接线端子，修复断路点。
(3) 更换电阻，加强表体密封。
(4) 更换电路板。
(5) 校对量程或加装导热液。

参考文献

[1] 中国石油人事部,中国石油勘探与生产分公司.采油工安全生产标准化操作丛书[M].北京:石油工业出版社,2018.

[2] 沈复孝,谢银伍.数字化油田采油工岗位知识问答[M].北京:石油工业出版社,2018.

[3] 姜平,任传柱,刘翠霞.螺杆泵驱动及控制柜使用和维护[M].北京:中国石化出版社,2021.

[4] 中国石油天然气集团公司安全环保与节能部.采油工应知应会[M].北京:石油工业出版社,2015.

[5] 中国石油天然气集团有限公司人事部.采油工[M].北京:石油工业出版社,2018.

[6] 《油气(水)井场生产数据采集与监控设备》编写组.油气(水)井场生产数据采集与监控设备[M].北京:石油工业出版社,2017.